Dedicado a mi familia por aguantarme todos estos años.
Dedicado especialmente a Antoñito y a Carlitos, de quienes espero que se hagan muy ricos.
A Fernando Díaz Villanueva por darme la oportunidad de escribir en La Gaceta.
A Corina por la portada.

ÍNDICE

PRÓLOGO

En Agosto de 2013, estando el que suscribe en el madrileño barrio de Ciudad de Los Ángeles soportando el típico calor de aquellas tierras recibí una llamada de Fernando Díaz Villanueva, a la sazón Director Adjunto de La Gaceta, para ofrecerme colaborar con ellos. Una columna semanal, primero una de prueba y si gustaba, otra más cada semana.

Acepte sin dudarlo, no podía desaprovechar la oportunidad de escribir en un periódico de papel, viendo el panorama es probablemente algo que nunca va a ocurrirme. Fernando le puso el nombre a la columna, "Dinero Inteligente" y tras el primer artículo pensando cómo podía honrar yo ese elevado título que me había sido otorgado me di cuenta que los artículos sobre inversión en los periódicos suelen ser muy tediosos y pecan de dar por sentado que todo el mundo conoce que es un cash flow, interpretar un balance o la diferencia entre deuda a largo plazo por leasing y a corto por citar algunas cuestiones técnicas sencillas. Así pues decidí que el resto de los artículos conformarían un pequeño manual, cada artículo una pequeña lección, empezando por lo más básico, hasta terminar por temas más complejos, todo orientado a que el pequeño inversor, esa persona corriente y moliente como Vd. y como yo que no vivimos en Wall Street pueda tener unas nociones que le ayude a crearse un marco teórico y práctico para seleccionar inversiones.

A finales de Diciembre sobrevino el cierre de La Gaceta y mi manual no estaba terminado. Fernando me animó a que lo siguiera escribiendo y lo publicara al final…y eso he hecho, desde entonces y hasta la fecha mucha noches cuando al final estaba libre y a pesar del cansancio me sentaba con un lápiz y un folio y me ponía con el borrador de cada artículo, yo soy de escribir a mano, al final lo terminé, lo junté y tras unos retoques, aquí está el resultado.

Agradezco una vez a todos aquellos que me han ayudado y han estado conmigo hasta la fecha, sobre todo en los momentos difíciles su apoyo. A Usted por comprar y leer este, mi primer libro, por darme ese voto de confianza y espero sinceramente que le guste lo que lea.

En Las Palmas de G.C. a 23 de Febrero de 2014

GANAR DINERO JUGANDO EN BOLSA, SÍ, PERO COMO

Publicado en La Gaceta el 10 de Agosto de 2013

Nadie da duros a pesetas, por lo que cualquier anuncio que vea en el que se prometan ganancias en cuestión de minutos, hay que mirarlo con lupa. Ganar dinero requiere más tiempo. Esas grandes oportunidades de quintuplicar tus ganancias en quince minutos sólo las verá si vive pegado a una pantalla de Bloomberg, lo cual tampoco garantiza nada (si lo encuentra, aprovéchelo no sea tonto). Si Usted es un pequeño inversor de por sentado que no las va a encontrar. Su estrategia ganadora es otra.

Cocina al horno, no al microondas. Es en lo que se basa el Value Investing, la estrategia que usan los grandes inversores independientes, como Warren Buffet, aquellos que no ganan dinero por congraciarse con políticos, sino aportando al mercado, es decir, lo que usted quiere. A continuación pasemos a enumerar los consejos más importantes.

Haga trabajar su dinero: Esto no es un consejo, es una filosofía de vida ¿Han oído eso de que dinero llama a dinero? Pues a eso se refiere. Cuando se invierte, deja de trabajar por dinero a que sea el dinero el que trabaje por usted. Ahorrar es la clave y utilizar sabiamente el dinero ahorrado es mejor todavía. Es ahí dónde una buena política de inversión le ayudará a tener una vida mucho más desahogada.

Comprensión del modelo de negocio: Sencillo, no se complique la vida, debe entender como gana dinero su empresa. Piense que se va a convertir en propietario de la misma y no entender en que consiste su negocio no es lógico, Usted debe comprender en todo momento a qué se dedica su empresa. Si no es capaz de explicar en 2 minutos el modelo de negocio, olvídelo y pase a otra cosa. ejemplo: Thyssen Krupp, negocio: fabrica ascensores. Ya está, facilísimo. Si fuera un powerpoint, tendría una diapositiva.

Paciencia: La paciencia es una virtud. Sea paciente, la creación de valor es un proceso largo, porque largo es el proceso de inversión. Zamora no se conquistó en una hora, Google lleva desde 2005 trabajando en un coche autónomo que no saldrá a la venta hasta 2020. Ha estado cerca de 8 años trabajando en sus ya famosas gafas. Es ahora su empresa, sea paciente como lo sería con un hijo.

Aprenda contabilidad: La contabilidad es, además, fundamental, necesaria, aunque más que contabilidad, lo que hay que aprender realmente es análisis contable. Es decir, ha de ser capaz de entender el balance y la cuenta de resultados de su empresa, repito esto porque es importante. Tiene que asumir la responsabilidad de estar al tanto de lo que pasa en ella, qué hacen los empleados y gerentes y saber si se están cumpliendo los objetivos. Les ha dado su dinero y ellos tienen la obligación de hacerlo trabajar para usted. En otro momento explicaremos algunas partidas básicas que hay que tener en cuenta.

Empresa Familiar: Busque empresas con un componente familiar, de la misma manera que una casa en propiedad estará mejor cuidada que una casa en alquiler, las empresas familiares suelen cuidar más de su negocio y ser más prudentes. En los Mittlestand alemanes hay centenares de ejemplos de ello.

Ventaja Competitiva: Busque una empresa con una clara ventaja competitiva, algo que lo diferencia claramente de sus competidores y que siempre le permita estar por delante e imponer un precio más alto. Ejemplo: Coca-cola. Hay innumerables marcas blancas de cola, pero todas sin excepción son una mala copia de Coca-Cola, cuando vamos a un bar pedimos una "coca-cola", y a ningún hostelero se le ocurre servir marca blanca de cola a sus clientes, aunque sea más barata. Porque todos quieren a Coca-Cola y su fórmula secreta.

Aprenda Inglés: Vivimos en un mundo global y el inglés es la lengua universal, vaya a donde vaya, el idioma que siempre se hablará será el inglés, y reducirse a España es como ponerse una venda en los ojos. Unas nociones básicas de "Business

English" están al alcance de cualquiera, gratis en internet sin ir más lejos y le resolverá muchos problemas en su futura y prometedora carrera como inversor.

LAS DIFERENTES PERSPECTIVAS DEL ANÁLISIS

Publicado el 17 de Agosto de 2013

A la hora de acercarse a la inversión bursátil no todas las maneras de hacerlo son iguales, no todas los valores son iguales y el momento de cada valor no es el mismo, de la misma manera que cada inversor tiene diferentes valoraciones del riesgo, diferentes horizontes temporales, se conforma con diferentes rentabilidades. En definitiva todos somos diferentes y por eso hay diferentes formas de acercarse al mundo del análisis bursátil. Hay maneras mejores y otras peores. Se puede invertir con la cabeza o dándole a un mono borracho un dardo y una diana con los valores del S&P 500 y a ver que sale.

En general, podemos dividir el análisis bursátil en dos grandes bloques, el análisis técnico y el análisis fundamental.

El **análisis técnico**, también conocido como "chartista", es este tan popular en muchos foros de Internet que promete el oro y el moro y que es muy fácil de aprender y entender. Se basa en el análisis de los gráficos de precios pasados y parte de la base de que el comportamiento pasado de un valor, explica los movimientos futuros. Utilizan múltiples medidas matemáticas y cálculos más o menos complicados para predecir tendencias, ondas de Elliot, Relative Strength Index, Bandas de Bollinger, Momentum, pivotes, ADX, son algunos de los nombres que tendrá que aprender si le interesa el análisis chartista. Los analistas técnicos buscan una especie de mensaje divino escondido entre los gráficos de velas esperando que este le sea revelado para dar un pelotazo. Un profesor mío decía, "el objetivo del análisis técnico no es comprar barato, es vender más caro." Si su único interés es hacer operaciones intradía, el análisis técnico puede ser útil. Hay gente que proclama a voz en grito que lo saben utilizar y que han ganado mucho dinero con ello. No es algo que recomendaría al pequeño inversor, sin tiempo libre para estar haciendo cálculos místicos.

El **análisis fundamental**, por el contrario se basa en analizar datos económicos del valor, de la industria o datos económicos agregados del país o región en la que se encuentren los negocios del valor a analizar para intentar determinar un "precio objetivo", hacia el que debe dirigirse el valor en base a las características intrínsecas de la acción y del mercado que opera. Este tipo de análisis es mucho mejor para el pequeño inversor y para aquellos que tienen un horizonte temporal de largo plazo. Usa métricas basadas en los datos contables, dependiendo del análisis que hagas o del tipo de empresa, te interesarán unas métricas ú otras, PER, Price-to-Book, PEG, Acid-ratio, ROE, ROCE, son términos con los que tendrá que familiarizarse.

El análisis fundamental se divide en Top-down y Bottom-up.

El análisis Top-Down, hace el análisis de "arriba hacia abajo" como su nombre indica. Empieza con un análisis macroeconómico, si un país va mal, es eliminado de la muestra, después se procede a analizar las industrias que van bien dentro de ese país, obviando pues los sectores menos llamativos y centrándose en los de mayor crecimiento y luego se busca aquellas empresas más rentables dentro de aquellas industrias más rentables, dentro de los países con mejores condiciones macro.

El análisis Bottom-up, hace el proceso inverso, de "abajo hacia arriba", parte del análisis de los estados financieros de las empresas, distinguir si el negocio es rentable y si la empresa está siendo bien gestionada (cosas muy diferentes que no coinciden siempre en el mismo valor). Después se analiza la industria, para comparar la empresa con sus competidores y finalmente se analiza la situación macro y cómo afectará eso a la acción en la que queremos invertir.

El Value Investing, se separa de esta última línea de pensamiento en que el análisis macro no se realiza, se deja en el olvido (también es cierto que los valores invertidos suelen ser en zonas desarrolladas dónde las condiciones macro suelen estar "controladas"). Se centra en el análisis del negocio y de la gestión de la empresa y su relación de poder con la competencia, existencia de ventajas competitivas y capacidad de generar valor atrayendo y atando a clientes. El horizonte temporal del value investing es mucho más largo, diez años, quince, veinte, para siempre, te casas con el valor que compras, por eso tienes que elegirlo bien, porque tiene que hacerte feliz durante mucho tiempo, es por ello que es la filosofía de inversión para aquellas personas que se planteen una cartera estable y a muy largo plazo.

SEIS TIPOS DE EMPRESAS
Publicado el 24 de Agosto de 2013

La Shahada del value investing podría rezar tal que así: "Warren Buffet es Dios y Peter Lynch es su profeta" con perdón de Benjamin Graham. La razón de esto es que Peter Lynch aportó muchas cosas, una de ellas y quizá no la más importante fue una clasificación de los diferentes tipos de empresas. Lo cual es su próxima lección en el maravilloso mundo de la inversión. Para aquello que nos concierne el mundo se divide en seis tipos de acciones.

Slow growers. Empresas de lento crecimiento, consolidadas, no son capaces de aportar algo nuevo al mercado y suelen agradecer a los accionistas con dividendos sustanciosos. La razón para tenerlos en cartera es precisamente ese, los dividendos. National Grid es un ejemplo de este tipo de acción.

Stalwarts, empresas sólidas, algunos también los llaman de mediano crecimiento. Son empresas de gran capitalización, pueden ofrecer hasta un 10-12% de crecimiento. Suelen tener algún tipo de ventaja competitiva, alguna marca comercial digna de confianza, un ejemplo de libro es Procter & Gamble, que maneja una maraña de marcas de nivel mundial que no cabría en está página; Fairy, H&S o Braun son sólo alguna de ellas.

Fast growers, empresas que crecen un 20-25% anual, son las acciones estrella de las empresas de capital riesgo. Son pequeñas, jóvenes y muy agresivas. El secreto de su éxito radica en un buen producto y una mejor campaña de marketing para darlo a conocer. El riesgo de fracasar es muy elevado, por eso las venture capital, que invierten en este tipo de empresas y las acompañan en su crecimiento son tan cautas en sus análisis, aún así fallan muchas veces. Localice su fast grower y en unos pocos años habrá multiplicado su inversión.

Cíclicas, empresas a las que les afectan fuertemente los cambios. En la situación económica, en los tipos de interés, el clima. Una heladería sería una compañía cíclica, en verano va muy bien, en invierno cierra, salvo en Austria y países así; un ejemplo más serio es cualquier empresa automovilística. También se consideran empresas con grandes infraestructuras pero que requieran una continuada modernización de equipos. Una desaladora es un buen ejemplo. Tienen una vida útil en torno a los 15 años, por lo que pasan dificultades cada vez que toca renovar la infraestructura.

Turnaround, aquellas que a pesar de que su cotización indica que están a punto de fallecer, tienen unos fundamentales fuertes, que les hace renacer cual ave fénix, planes de reestructuración, ERE, etc. son señales de posibles turnarounds. Deshacerse de divisiones ajenas al negocio principal de la empresa suele ser una buena señal. Adolfo Domínguez fue un ejemplo de esto en España en el momento en que empezó a vender sus deficitarias tiendas en el extranjero. Otro ejemplo clásico es Toys'r'us, que aumentó 57 veces su valor cuando se separó de su empresa matriz. Es muy arriesgado y hay que hacerlo sólo tras un análisis profundo de los fundamentales de la empresa.

Asset Play, es cuando el valor de los activos supera la capitalización bursátil (precio de mercado multiplicado por número de acciones). Si los activos están bien valorados, es el chollo del siglo. Pongo esta coletilla porque en ocasiones los activos están sobrevalorados, y eso no nos ayuda. Un ejemplo que vemos en España es la valoración inflada de los inmuebles en los balances de los bancos.

Se mantiene el valor contable artificialmente alto para que el balance no descuadre y no quebrar. Ejemplos de lo que buscamos son empresas con activos periféricos, en ocasiones no relacionados con el negocio central pero de gran valor. Se podría comparar con alguien que se entera que ha recibido en herencia una casa justo enfrente de la ópera de Viena. Eso no le cambia la vida, pero si de repente tiene un apuro, sabe que tiene un millón de euros. Este activo escondido pueden ser algo tangible como inmuebles. Ray Kroc, fundador de McDonald's, dijo una vez que su verdadero negocio era el inmobiliario, no las hamburguesas. McDonald's tiene propiedades de lujo y enormes en todas las grandes calles comerciales del mundo, o puede ser algo intangible como el valor de una marca o una patente.

La lección es que con estos conocimientos asentados en la cabeza ya podemos aprender a ver el potencial de una acción, y si es el momento adecuado para entrar en ella.

LA CONTABILIDAD QUE USTED SI DEBE CONOCER
Publicado en La Gaceta, el 31 de Agosto de 2013
De la misma manera que el secreto de una buena paella está en el sofrito, el secreto a la hora de escoger un valor para tenerlo largo tiempo en cartera reside en la contabilidad.

La contabilidad propiamente dicha es... un coñazo, por decirlo suavemente, Hacer asientos contables aburre hasta las ovejas, que si cliente a caja por aquí (asiento favorito de las funerarias), que si caja a hacienda (favorito de Montoro, el insatisfecho recaudador), pero es un mal que hay que soportar. Pero poco porque a nosotros lo que realmente nos interesa es el **análisis de los estados contables**. A fin de cuentas, usted como inversor no va a estar llevando las cuentas del día a día.

Los documentos contables que necesita conocer y cuyo significado debe entender para **escoger bien las acciones en las que invertirá** y cuya revalorización le permitirá llevar a su hijo, ahora párvulo, a Harvard son la cuenta de pérdidas y ganancias, el balance y el estado de flujos de caja.

Por partes, cómo diría Jack el destripador. Empezaremos por la **cuenta de pérdidas y ganancias**. ¿Y esto qué es?, se preguntará usted curioso. Pues una hoja que nos cuenta escondido entre sus números cómo de rentable es el negocio y cómo de bien o mal está siendo gestionado.

Lo primero se mide en la parte de arriba de la cuenta de resultados. Ingreso por ventas menos coste de ventas menos gastos de personal menos otros gastos de explotación igual a resultado de explotación, o **EBITDA** por sus siglas en inglés. Es decir vendemos, por ejemplo martillos, por valor de 100 € y cómo vender martillos es una muy buena idea tenemos un resultado de explotación de 60. Si somos regulares vendiendo martillos, igual tenemos un Ebitda de 20 y si vender martillos es un negocio horrible porque ahora la gente se los empieza a imprimir en 3D tendremos -20.

En esta fase hay que tener en cuenta el tipo de empresa y la competencia. En una empresa tecnológica de nueva creación, su resultado de explotación será negativo con seguridad y con un componente muy alto en gasto de personal, pero una empresa ya establecida y que tenga un **Ebitda pobre hay que rechazarla**.

En la segunda parte, de Ebitda para abajo, vemos cómo se gestiona la empresa. Lo primero que quitamos al Ebitda, es el "da", es decir **la amortización, la pérdida** (contable) de valor de los activos por el paso del tiempo. Si el año pasado se compró una máquina que barnizaba los mangos de madera de los martillos y costó 500 € y ahora se podría vender por 470, esa diferencia de 30 es la definición de amortización. Ya tenemos el **EBIT**, ahora tenemos que quitarle la "i" que significa intereses, es decir ingresos y gastos financieros. Cómo la mayoría de las empresas tienen algún tipo de deuda bancaria, lo normal es que los gastos financieros superen a los ingresos. Aunque conseguir lo contrario es una muestra de buena gestión empresarial. Porque implica además que la empresa reduce deuda, o incluso que no tiene. Inditex, por ejemplo, tiene un resultado financiero positivo. Es una empresa bien gestionada, que sabe hacer dinero del dinero que recibe, gestionando su **activo circulante**. Otro día escribiremos largo y tendido de Inditex.

En el apartado de ingresos y gastos financieros, las empresas internacionales que operan con varias divisas, que son la mayoría, incluyen la pérdida o ganancia por divisas. Lo cierto, es que este es un apartado que pocas empresas saben gestionar bien de forma sistemáticamente, el **mercado de divisas es muy complejo**, así que a la hora de hacer un análisis de una empresa esta es una de esas partidas que conviene eliminar para simplificar nuestra vida.

Nos queda **EBT**, quitamos ingresos y gastos extraordinarios, esto puede ser restaurar un almacén que se haya quemado, o una venta de unos terrenos que no forman parte del negocio de la empresa y que estuvieran en desuso. y quitamos la "T" de Tasas, cuánto del dinero que nos queda hemos de dar a Hacienda cual mordida para que nos permita seguir operando en su territorio sin problemas, y ya con eso nos quedamos en el ingreso neto. Y podremos ver cómo de rentable ha sido el negocio y cómo de bien se ha gestionado en el último periodo. Si **dividimos por el número de acciones**, obtenemos cuánto ganamos con cada acción de esa empresa.

Eso es todo por hoy, en próximos episodios explicaremos que datos tenemos que saber leer en el balance y en los flujos de caja a la hora de invertir.

CUENTA DE PÉRDIDAS Y GANANCIAS

INGRESOS POR VENTAS

(COSTE DE VENTAS)

(GASTOS GENERALES DE LA EMPRESA)

=

EBITDA

(DEPRECIACIÓN Y AMORTIZACIÓN)

=

EBIT: Resultado Operativo

(GASTO DE INTERESES) : Coste de la deuda financiera de la empresa

(GASTOS NO OPERATIVOS): Gastos de otro tipo

(IMPUESTOS) : El alimento del burócrata

(Gastos Extraordinarios)

=

RESULTADO NETO

Los paréntesis en contabilidad, indican que el importe de ese apartado se resta.

DEL BALANCE, ACTIVO CIRCULANTE Y OTRAS CUENTAS IMPORTANTES

Publicado el 7 de Septiembre de 2013

Entremos de lleno en el meollo del análisis. El Balance. Aquí se esconden casi todos los secretos de la empresa, las contabilidades B se guardan aparte. Lo que tenemos delante es una fotografía. Vemos como estamos ahora. Si nos vamos sacando fotos, vemos como evolucionamos y podemos deducir, si nos mantenemos bien con el tiempo o si por el contrario perdemos sex appeal.

Las dos partes de el Balance, Activo y Pasivo deben ser iguales... o al menos parecidos, sino es cuando hay que llamar a los ingenieros financieros o fingir que los solares en cartera valen lo mismo ahora que en 2007 para evitar la quiebra, y no señalo a nadie.

Resumiendo el cuento, en el activo tenemos los dones de la empresa y en el pasivo, lo exigible, las deudas. Pregunta, Si en el pasivo se contabilizan las deudas, ¿por qué los fondos propios están incluidos en él? La empresa, como sociedad tiene una obligación hacía los accionistas, que son los dueños últimos de los fondos propios.

Ambas partes se dividen en corriente (corto plazo) y no corriente (largo plazo) y he ahí dónde entra en juego el siguiente concepto.

El activo circulante. Esto es la suma de activos líquidos que son utilizados en el día a día, caja, cuentas pendientes de cobro, etc. Aprovecho para responder una duda de un lector. Utilizar el dinero que hay en caja para comprar locales, no mejora la liquidez de la empresa, al contrario. Es utilizar un bien líquido, el dinero en caja, para adquirir un activo "inmovilizado", que requerirá un cierto tiempo para revalorizarse y que pretende acompañar a la empresa largo tiempo. Lo descrito mejorará algún ratio de solvencia. Recuerden esto, "corrientes, liquidez".

Mi lector se refería concretamente a Inditex, que utiliza su caja para comprar locales comerciales en zonas de primera, como la Gran Vía madrileña o el paseo de Gracia de Barcelona. Inditex cobra en efectivo y paga a 90, 120 ó 180 días lo que corresponda, y entremedias con esa caja sobrante realiza inversiones para mejorar su resultado financiero. Su deuda neta es cero, porque podría cancelar mañana toda su deuda sólo con el dinero que tienen en caja. Así que utilizan su efectivo sobrante en hacer inversiones que le ayudan a jugar al "Asset Play", es decir, el negocio de Zara es vender ropa, pero si no funciona tiene unos locales comerciales que seguirán generándole beneficio a la empresa.

Lo que hace Inditex con su activo circulante, aporta un gran valor a la compañía porque indica que sabe aprovechar una ventaja competitiva como empresa, tener un periodo de pago mayor que el de cobro. Algo similar hace Google a través de Google Ads, aquellos que incluyen banners de Google Ads cobran cuando acumulan un beneficio X, mientras tanto, como Google Ads maneja varios miles de millones en publicidad usan ese margen para invertir en letras, bonos, depósitos, etc que le reportan grandes beneficios a Google y aportan al igual que con Inditex un valor añadido a la empresa.

¿Cuál es la lección aquí? A la hora de leer el balance de una empresa tenemos que comparar las cifras de Activo corriente con las de pasivo corriente, también llamado exigible a corto plazo, si el activo corriente es más bajo que el pasivo corriente o la diferencia es escasa, malo. En caso contrario seguimos, siguiente paso analizamos, a la hora de gestionar los cobros, el dinero en caja, la rotación de inventarios, ¿tiene la empresa alguna ventaja competitiva que le da poder sobre sus rivales o sus proveedores? ¿Sí?, perfecto, eso abre la puerta a la siguiente pregunta, ahí mismo en el activo corriente, buscamos la partida de inversiones temporales a corto plazo. ¿por qué?, porque es ahí dónde veremos cómo gestiona la empresa que queremos comprar su dinero sobrante a corto plazo, es decir vemos si es capaz de ganar dinero de cada situación, si hay una nota explicativa, dónde se entren en detalles de que hay detrás de esa partida léala. Mire su evolución, ¿qué porcentaje representa sobre el total del activo circulante?, ¿un prudente 10%, 15% ó una burrada tipo 60%? ¿ha cambiado mucho de un año para otro y por qué?

Si el resultado final es que la empresa puede mantener en el tiempo su ventaja competitiva y no sólo no se duerme en los laureles sino que además sabe sacar partido del dinero que tiene en caja tenemos un candidato para invertir.

EL BALANCE DE SITUACIÓN

ACTIVOS	DEUDAS Y PATRIMONIO NETO
Caja y otras inversiones a corto plazo Cuentas pendientes de Cobro Inventarios Otros Activos Corrientes	Deudas a corto plazo Cuentas pendientes de Pago Impuestos pendientes de Pago Otras Deudas a corto paso
= ACTIVOS CORRIENTES	= PASIVO CORRIENTE (a)
Propiedades y Equipamiento Inversiones Activos Intangibles Otros Activos No Corrientes	Deuda a Largo Plazo Impuestos Diferidos Otras Deudas a Largo Plazo
= ACTIVOS NO CORRIENTES	=PASIVO NO CORRIENTE (b)
TOTAL ACTIVO	Intereses Minoritarios (c)
	= TOTAL DEUDAS (a)+(b)+(c)
	Patrimonio neto (capital propio)
	=TOTAL DEUDAS + PATRIMONIO NETO

LA PASTA QUE ENTRA Y LA QUE SALE

Publicado en La Gaceta el 14 de Septiembre de 2013

Si le preguntas cuánto es dos más dos a un matemático, te dirá que ha comprobado que la respuesta es única y que está acotando el resultado. Si le preguntas lo mismo a un contable, su respuesta será cerrar puertas y ventanas y preguntarte en voz baja que cuánto quieres que dé. La cuenta de pérdidas y ganancias y el balance se pueden manipular de ciertas maneras según nos convenga para que diga lo que queremos. Acelerar o frenar la amortización, usar un método de inventario u otro, retrasar el pago a proveedores o reconocer ingresos que todavía no se han producido, etc. Para evitar que nos mientan, lo mejor es recurrir a los flujos de caja (Cash Flow statement en inglés), y ahí donde vemos de dónde viene y a dónde va el dinero. Follow the Money.

El estado de flujos de caja, se divide en tres partes, **CFO, CFI, CFF**, que reflejan las tres razones por as que puede entrar o salir el dinero. Por la operativa habitual de la empresa, por las inversiones que haga la misma y por el uso que haga de sus finanzas.

En una situación de equilibrio, el resultado de CFO debe ser igual a la suma de CFI y CFF. Es decir, la empresa debe ganar con su negocio habitual como mínimo lo suficiente como para financiarse e invertir en su negocio lo que tenga que invertir para que éste siga funcionando. Si el resultado es positivo, genial, maravilloso, la empresa tiene capacidad operativa para cubrir sus necesidades y más. Si por el contrario es negativo, malo, la empresa no está gestionando bien su negocio, la operativa habitual no es suficiente para cubrir las necesidades de financiación y de inversión de la misma. Apaga y vámonos.

Ahora pasemos a describir cada una de ellas.

En el CFO incluimos el beneficio neto y le sumamos el dato de amortización, porque esto no implica salida de caja, los incrementos en el capital circulante y los impuestos que figuran como pagados pero todavía no se han abonado. Así sabremos el dinero que tenemos, el resultado debe ser positivo, de lo contrario estaría cerrada.

La siguiente partida, CFI, es donde vemos cómo utiliza el dinero para mantener o ampliar el negocio. Aquí va el gasto en capital, la compra de maquinaría, la venta de inversiones, las adquisiciones de la empresa, etc.

Es importante en esta partida, compararlo con el dato de amortización, para saber si se está invirtiendo en **reponer la maquinaría obsoleta y compararlo a su vez con los datos de CFI y amortización de la competencia**. ¿Está invirtiendo al mismo ritmo que la competencia?, ¿no?, ¿por qué?, ¿la empresa va mal y está perdiendo posiciones?, ¿amortiza mucho más que los demás?, ¿lo hace para reducir artificialmente sus beneficios?, ¿su CFI es mayor por qué esta adquiriendo empresas para diversificar en vez de invertir en su negocio existente? Éstas son algunas de las preguntas que Vd. Como inversor tendrá que hacerse a la hora de valorar correctamente el flujo de caja de inversiones.

En el último apartado de todos, el CFF, encontramos el detalle del dinero que ha salido destinado a financiar la actividad de la empresa. Otra cosa importante aquí es el pago de dividendos, es decir cómo retribuye la empresa a los accionistas, a la gente como Vd. Que arriesga su dinero para que la empresa tenga un capital inicial con el que operar. Es importante en esto ver también que la **política de dividendos no sea muy agresiva y pueda descapitalizarse la empresa**, es decir que se dedique tanto al accionista que la empresa se quede sin reservas suficiente para afrontar nuevos retos.

El otro apartado del CFF es el pago de deudas financieras o emisión de deuda. Lo normal es que el CFF sea negativo, pero eso tenemos que mirarlo con mucho cuidado cuando es positivo. El hecho de que el CFF en un determinado año sea positivo, puede deberse a que la empresa ha emitido deuda y habrá que preguntarse, ¿cómo afectará esa emisión al porvenir de la firma?, ¿en qué van a invertir el dinero que han recibido de sus bonistas?, ¿ampliación de negocio?, ¿repago de otros bonos? son sólo algunas de las preguntas sobre las que deberá reflexionar.

Con esto ya finalizamos nuestro viaje por todos los estados contables y tiene Vd. las herramientas suficientes para ser capaz de empezar a analizar los datos de empresas sin que los números le parezcan chino y hacerse una idea de si quiere o debe invertir en ese valor que esté mirando ahora.

ESTADO DE FLUJOS DE CAJA

CFO: FLUJOS DE CAJA DE OPERACIONES

      Ingreso antes de gastos/ingresos extraordinarios

      Depreciación y Amortización

      Impuestos Diferidos

      Perdidas en venta de activos no corrientes

      Otros ingresos de operaciones

      Disminución en Capital Circulante

CFI: FLUJO DE CAJA DE INVERSIONES

      (Incremento de Inversiones)

      Venta de Inversiones

      (Gasto de Capital)

      Venta de Propiedades y Equipamiento

      (Adquisiciones)

CFF: FLUJO DE CAJA DE FINANCIACIÓN

      Venta de acciones

      (Recompra de acciones y dividendos)

      Emisión de Deuda

      (Reducción de Deuda)

CAMBIO EN CAJA Y EQUIVALENTES= CFO+CFI+CFF

ESTADO DE ORIGEN Y APLICACIÓN DE FONDOS

ORIGENES

> BENEFICIOS DEL EJERCICIO
>
> AUMENTO DE DEUDA EXIGIBLE A LARGO PLAZO
>
> AUMENTO DE LOS FONDOS PROPIOS
>
> DISMINUCIÓN DEL FONDO DE MANIOBRA
>
> DISMINUCIÓN DEL ACTIVO FIJO

APLICACIÓN

> PÉRDIDAS DEL EJERCICIO
>
> AUMENTO DEL FONDO DE MANIOBRA
>
> AUMENTO DEL ACTIVO FIJO
>
> REDUCCIÓN DEL PASIVO EXIGIBLE A LARGO PLAZO
>
> REDUCCIÓN DE LOS FONDOS PROPIOS

EL TRABAJO DE UN ANALISTA DE ACCIONES
Publicado en La Gaceta el 21 de Septiembre de 2013
Cuando vemos películas tipo **Wall Street**, en las que se ve a mucha gente trajeada, tomando decisiones muy importantes, bueno en las pelis normalmente sacan únicamente a un tipo trajeado con pinta de agobiado corriendo a toda leche por el pasillo de una sala llena de gente más agobiada todavía, hablando por teléfono con 15 personas a la vez mientras mira siete pantallazas al tiempo que grita a todo lo que se mueve. Bien. Eso es el front office, detrás de esta ente hay un intenso trabajo de administración, redes comerciales y...analistas. Estos últimos son unos seres que también están agobiados la mayor parte del tiempo y también van trajeados.

Principalmente para que parezca que saben de lo que hablan, y se dedican a valorar acciones. Para ello utilizan diferentes métricas y ratios en base a los datos financieros de las empresas que analizan, pensando y repensando cuál es el precio objetivo, el "precio justo", como el programa de la tele, calculando "múltiplos". Estos métodos de valoración se dividen en dos tipos fundamentales, absolutos y relativos.

Los "absolutos" se basan en la búsqueda del valor intrínseco de la acción, basado en las características fundamentales de la empresa.

Algunos ejemplos son DDM (Descuento sobre dividendo) o el descuento sobre flujos de caja. Es decir se calcula a valor presente los futuros ingresos de la empresa, descontados por los tipos de interés que "presuponemos" van a regir durante ese tiempo, el resultado es un número, un valor absoluto que nos dice que las acciones de **Todolimpio Detergentes** valen **23,45 €**, por ejemplo. Hacer pronósticos "realistas" es muy difícil, incluso intentando ser muy realistas y prudentes pueden ocurrir mil cosas fuera de nuestro control que echen por tierra nuestro pronóstico.

Por el otro lado, tenemos los modelos "relativos". Estos comparan el valor de la acciones con el valor de otras empresas del sector a través de diferentes métricas, que nos devuelven múltiplos, pueden repasar un poquito más arriba cómo definíamos múltiplo. Por ejemplo, si la empresa del ejemplo anterior, Todolimpio Detergentes tiene un P/S (**Price to Sales**, precio respecto a ventas) de 10, compararíamos este dato con las otras empresas de la competencia y la industria. Si el ratio es mejor que la media de la industria, la empresa está infravalorada: **COMPRA**. Si el ratio es peor, está sobrevalorada: **VENDE**.

Los "relativos" se basan en el comúnmente denominado **"ley del precio único"**, que básicamente dice que todos los activos deberían valer lo mismo, ergo, si un valor está infravalorado, su precio, es decir, su cotización, tendría que subir hasta tener la valoración media de la industria. Aunque su uso está más extendido, no están exentos de problemas, el principal es que no todas las empresas son como sus pares. Si "Todolimpio" está infravalorada...igual es por una buena causa. Por ello es fundamental investigar a la empresa, conocer los comos y los por qués de sus datos y estar atento, mantener los ojos abiertos y las noticias que lo conciernen.

Lo necesario para utilizar estos ratios, es tener unos conocimientos básicos de matemáticas, **no hace falta ser ingeniero de la NASA**, tener claro una serie de conceptos de empresa, estudiar un poquito las características de la industria, si es cíclicas, si está en crecimiento etc, y conocer un poquito de análisis contable y ya podrá ponerse en la piel (o el traje) de los analistas de acciones de la City.

LA"FAMIGLIA" Y SUS VALORES

Antes de continuar aprendiendo herramientas para invertir su dinero, hay un popurrí de ideas y conceptos que hay que dejar claro, y para ello, vamos a recurrir a una de las **grandes figuras del emprendimiento** que nos ha dejado el cine, un **ejemplo de gestión empresarial digno de ser imitado y estudiado en cualquier academia o escuela de negocios.** Personaje que representa a perfección el ideal americano del **hombre trabajador amigo de los suyos que partiendo de la nada llega a lo más alto a base de esfuerzo.** Un espíritu que nos interesa encontrar en nosotros mismos y en las empresas que analicemos. Me refiero a **Don Vito Corleone.**

Don Vito quien llegó con una mano delante y otra detrás y se hizo millonario enseñó a sus hijos aquello de **nunca vayas en contra de la familia.** Los valores familiares, es decir las empresas que tienen en su núcleo a una familia, son más propensas a **actuar de forma prudente y a gestionar hacia un crecimiento continúo y sostenible**, el gestor se juega su propio dinero, patrimonio y el de sus seres queridos, es decir, precisamente lo que buscan los inversores en valor, muchas de las grandes empresas cotizadas deben su éxito a eso, **Inditex, Santander, Grifols son algunos ejemplos** que podemos conocer en este páramo de oportunidades llamado España. El ser humano, recuerden, responde a incentivos y Amancio Ortega tiene millones de incentivos para que Inditex funcione. Otra cosa que nos enseñaba Don Vito y que también aprendió Peter Lynch, es que **es mejor no meterse con la mafia.**

Los negocios vinculados tradicionalmente a la mafia, tienen poca competencia, son muy rentables, en ocasiones se consideran trabajos desagradables como el juego o la recogida de basura, mueven mucho dinero en efectivo, perfectos para blanquear dinero y en los que nadie pide facturas. La restauración, una cadena de peluquerías, una cadena de ocio, recreativos. No es casualidad que todos los mafiosos manejen ese tipo de negocios. **Si hay que declarar a Hacienda, se declara, pero declarar para nada es tontería.** Muchas de estas empresas *value* están olvidadas, dejadas de la mano de los analistas. Nadie en la City se acuerda de una pequeña cadena de recreativos de California o de una empresa de recogida de basuras, pero son empresas rentables, con un nicho de mercado seguro y una ventaja competitiva.

Al analizar un valor siempre tenemos la duda razonable de si nos estarán contando la verdad. **Todas las empresas tienen un socio capitalista oculto**, un señor que no aporta nada, pero siempre está ahí para cobrar de tu esfuerzo, me refiero al *clan de los Montoros*. Muchos intentarán aparentar tener menos beneficios, pero esos dineros endrán que salir tarde o temprano a la luz.

Para ver si los beneficios son auténticos tendremos que ser capaces de **cuadrar la variación de deuda entre un año y el siguiente**. Datos: necesitamos la deuda neta del año pasado, la de este año, los beneficios en cash, la variación del fondo de maniobra, el exceso de capex (gasto de capital) y los dividendos).

A la deuda del año pasado, supongamos que son 300 millones le restamos los beneficios que supongamos son 200 millones, nos quedaría una deuda neta de 100 millones. Ahora le restamos las necesidades operativas de fondos imaginemos que el año pasado era 50 y este año es 60, ese aumento de 10, implicaría una subida de la deuda neta porque ese dinero de más no puede destinarse a disminuir la deuda porque como su nombre indica se necesita para las operaciones diarias. **Hasta ahora deuda neta 110.**

El siguiente paso, es **sumar el exceso de Capex** (gasto de capital), este dato lo conseguimos mirando en el estado de flujos de caja de inversión (p.e. 40 m€ y el dinero destinado a mantenimiento, simplificando es la amortización (e.g. 25 m€). 40 m€ - 25m€ igual 15 millones que se han gastado de más y que deben sumarse a la deuda neta. **Total 125 m.**

Finalmente, **sumar los dividendos** que supongamos son 20 millones. **Deuda total 145 m €**. Si la deuda publicada es cercana a 145m € no pasa nada. De lo contrario, habrá que analizar el porqué la empresa está ocultando beneficios (bueno) o está declarando beneficios que no tiene (muy malo).

Nota Bene: Deuda Neta 2013= D.N. 2012 - Beneficios - variación NOF - Exceso en gasto de Capital + Dividendos. NOF = Inventarios + cuentas por cobrar + otros activos corto plazo excepto caja - proveedores - otros activos a corto plazo excepto deuda financiera.

DEUDA NETA 2013=

DEUDA NETA 2012

(BENEFICIOS)

(VARIACIÓN NECESIDADES OPERATIVAS DE FONDOS)

(EXCESO EN GASTO DE CAPITAL)

+ DIVIDENDOS.

NECESIDADES OPERATIVAS DE FONDOS=

INVENTARIOS

+ CUENTAS POR COBRAR

+ OTROS ACTIVOS A CORTO PLAZO EXCEPTO CAJA

(PROVEEDORES)

(OTROS ACTIVOS A CORTO PLAZO EXCEPTO DEUDA FINANCIERA)

EL MÉTODO BUFFETT

Publicado en La Gaceta el 5 de Octubre de 2013

Cada maestrillo tiene su librillo, reza el refranero popular. Hay métodos de valoración para parar un tren, algunos de ellos están muy extendidos y otros no tanto. Uno de los que están más extendidos, por muchas razones, es fácil de entender, de aplicar, su lógica es fuerte y consistente y también porque es el ratio favorito de Warren Buffett. Me refiero al PER.

PER significa, en este caso que nadie se confunda con otras cosas, Price-Earnings-Ratio, en castizo, es una métrica que se fundamenta en la creencia de que existe una relación entre los beneficios de una empresa y sus cotización.

Al ser una medida relativa, no nos da un precio exacto, sino un múltiplo,5x,10x,15x, etc. El múltiplo nos indica las veces que el precio de la acción multiplica las ganancias de la empresa. Por ejemplo, si analizamos una concesionaria de coches llamada "Cacharrazos de Aupa SA", con una acción valorada en 100 euros y un beneficio por acción de 10 euros, tenemos un PER 10x, quiere decir que necesitaríamos "ahorrar" los beneficios de diez años para comprar la empresa, o lo que es lo mismo en 10 años la empresa doblará su valor.

Para verlo de una manera más sencilla recurrimos al ratio "hermano" el PER inmobiliario. Si el precio e una vivienda es 100.000 euros y el alquiler anual es 5.000 euros. Con el dinero que nos cuesta comprar la vivienda, viviríamos 20 años de alquiler.

Al PER se le achacan un par de defectos importantes, nada es perfecto en esta vida.

El primero de ellos, que no se puede aplicar a empresas jóvenes, de reciente creación, que pueden tener un gran potencial pero que al principio no tienen beneficios. Es cierto, si una empresa tiene beneficios negativos o cero el PER no sirve de nada, pero bueno esto no es algo que le quite el sueño al señor Buffett. Los value investor no tienen por costumbre invertir en "start-up" o en empresas en fase de crecimiento, sólo en empresas ya consolidadas en las que el PER ha de ser positivo.

El otro inconveniente, es que su interpretación no está clara del todo, es un ratio "gallego" que puede decir una cosa y su contraria. ¿Qué "Cacharrazos" tenga un PER alto es bueno o malo? Pues oiga, depende, puede significar que las perspectivas de crecimiento de la empresa son buenas y por eso su precio es alto en relación con sus ingresos y el mercado está anticipando eso en el precio de la acción o todo lo contrario, que la acción está sobrevalorada y que es difícil que el valor de la misma siga subiendo. Por el contrario si el PER es "bajo" nos encontramos con una acción infravalorada, un diamante en bruto cuya acción subirá de valor.

Es por ello, que el PER no hay que verlo como una fórmula mágica, al análisis hay que añadirle una comparación con la evolución de la compañía, y las competidores de la industria, no es lo mismo un PER 10x en una empresa como Microsoft o Dell, que ya no cotiza, a tener un PER 10x en H&M, negocios muy diferentes entre sí.

El señor Warren Buffett busca empresas con un PER bajo, cuanto más bajo mejor, el análisis posterior ya nos indicará si la empresa está Infra- o sobrevalorada.

Para simplificar y hacernos un esquema mental diremos que un PER por debajo de 10x es bajo, empresas potencialmente infravaloradas, entre 10x y 17x es una empresa normal, hasta 25 hablaríamos de empresas sobrevaloradas de las que tenemos que huir como de la peste y por encima tendríamos este tipo de empresas de "crecimiento" en las que la acción está muy caliente porque el mercado está anticipando unos resultados muy buenos en el futuro cercano y por ellos tienen PER tan altos. El problema de este tipo de acciones es que pueden morir de éxito, como un bar con unas tapas tan buenas al que al final no vas porque siempre está a reventar, ¿cómo? Pues las expectativas que se forman son tan altas que si la empresa, por ejemplo llamada "Melocotón" en el próximo trimestre en vez de crecer un 40% crece un 39%, cómo eso es muestra inequívoca de que el fin del mundo está cerca la acción se desploma en un chasquido.

Ya para terminar recordar que no existen fórmulas mágicas, el PER sirve realmente bien como "seleccionador" y junto al PER habrá que estudiar otros datos importantes, por ejemplo referidos al EBITDA o el Cash Flow más difíciles de manipular que el beneficio neto, o el ROE (rentabilidad sobre recursos propios), o la rentabilidad por dividendo que vendrán en las próximas semanas.

EJEMPLO DE ANÁLISIS FUNDAMENTAL

EBITDA	40
DEPRECIACIÓN Y AMORTIZACIÓN	(5)
RESULTADO OPERATIVO	35
GASTOS FINANCIEROS	(3)
PUESTA EN EQUIVALENCIA	0
RESULTADO ANTES DE IMPUESTOS	32
IMPUESTOS (30%)	(9,6)
MINORITARIOS	(1)
BENEFICIO NETO	21,4

Antes de Continuar.

Puesta en equivalencia es la parte que me corresponde del beneficio neto de las empresas en las que participo pero no controlo.

Minoritarios, es la parte que corresponde a los socios minoritarios que yo controlo pero de las que no tengo el 100% del accionariado.

Supongamos que este es la cuenta de pérdidas y ganancias de una empresa a la que vamos a llamar Fabricantes de Naipes SA, tiene en total 20 millones de acciones, pero un 10% de esas acciones están en la autocartera de la empresa. Detalle este último muy normal en el mundo de las grandes empresas cotizadas. Por lo tanto el número de acciones libre que pueden comprarse en el mercado son 18 millones. El precio actual de esas acciones de 8,8 € por acción.

¿Cuánto cuesta la empresa? €8,8 multiplicado por 18 millones de acciones. Igual a **158,4 millones de euros**.

¿Cuánto vale la empresa? Pensemos que es una empresa promedio. En la mayoría de los mercados e históricamente, el ratio del PER tiene una media de quince. Así pues, supongamos que este es el caso.

Si queremos saber cuanto vale la empresa el año que viene, multiplicamos el beneficio de la empresa por dieciséis (Quince por el PER y uno más porque queremos conocer el valor al final del año que viene, no de este año)

21,4 millones multiplicado por 16 igual a 342,4 millones.

¿Valor de la acción de la empresa el año que viene? 342,4 millones que vale la empresa lo dividimos entre el número de acciones (18 millones).

342,4 dividido entre 18 igual a **19 euros**. El precio esperado de la acción de Fabricantes de Naipes SA para final del año que viene son € 19.

Ganancia Potencial. un 116%

POPURRÍ DE RATIOS

Publicado en La Gaceta el 12 de Octubre de 2013

Rentabilidad por dividendo, es uno de esos pequeños cálculos básicos que tenemos que hacer para entender bien la empresa que tenemos entre manos.

Refleja la relación entre el dividendo repartido y el valor de la acción, es decir, nos indica la remuneración que obtiene el inversor por el mero hecho de mantener la acción en cartera. **Su cálculo es sencillo, dividendo dividido entre precio de la acción.** No hay que ser precisamente un genio de la NASA para hacerlo.

El problemilla, nimio que tiene esto, es que hay empresas que no reparten dividendos de forma regular y por lo tanto, en base a este ratio, serían malas empresas, bueno Procter & Gamble ha repartido dividendos de forma consecutiva durante 123 años y es una acción excelente y Berkshire Hathaway sigue sin abonar dividendos...

Los dividendos no crecen en los árboles, no son como los billetes de la reserva federal de Bernanke. **Para que una empresa pueda repartir dividendos de forma continúa es necesario tener unos buenos cimientos empresariales** y...¿no es ese el tipo de negocio que nos gustan a los pequeños inversores en valor?

La razón por la cual **Buffett no ha repartido ni repartirá dividendos a pesar de tener caja como para asar una vaca,** cómo se dice ahora, es que El oráculo está siempre esperando a encontrar buenas oportunidades de inversión en las que meter el dinero. Eso es exactamente lo que tenemos que mirar en las empresas que no reparten dividendos, cómo van a utilizar ese efectivo ya que no lo reparten entre los accionistas,

¿podemos creer que van encontrar nuevas oportunidades de inversión y generar mayores ganancias de capital o por el contrario va a dedicarse a gestionar un negocio lo suficientemente fuerte per se como por ejemplo Coca Cola, por lo que es preferible que destine los beneficios a remunerar al esforzado accionista?

Los ratios de eficiencia, es la siguiente lección. Nos indican si la operativa de la empresa se está llevando correctamente, y ¿cómo medimos algo tan fundamental?, pues a través del dato de ventas en el numerador y el valor de una cuenta de activo en el denominador.

Por ejemplo, **Rotación de Activos,** que son las ventas totales divididos entre los activos de la empresa. Si se tiene buena información, este valor será mejor porque podremos centrarnos en los activos que realmente se utilizan durante el proceso de fabricación y venta y ver cómo de eficiente se están utilizando estos activos para generar ventas, es decir, dinero. Cuanto más alto, mejor. Si el valor es muy alto, podría significar que la empresa ha alcanzado su capacidad de fábrica y podría tener problemas para asimilar una mayor demanda.

Como la rotación de activos es una medida muy estable, debería servirnos de ayuda tanto vigilar los datos de la competencia como la evolución en los últimos años, como hemos dicho, **un cambio de un año a otro de 7 a 21 sería extraño.**

Igual de extraño resultaría en la Rotación de Existencias, que es el ratio con el que medimos la gestión de los inventarios que hace la empresa. Es un tema espinoso, toda empresa debe mantener unos inventarios mínimos en el almacén, pero ese mantenimiento no solamente no reporta dinero sino que obliga a incurrir unos costes manteniendo unos activos a la venta, alejados del público. La fórmula mágica es el valor de las ventas dividido entre el saldo medio de existencias. **Una buena gestión, nos indica que la empresa puede mejorar su venta potencial en las próximas fechas.**

Más importante aún que las rotaciones, tenemos el periodo medio de cobro, (saldo clientes/ ventas diarias). ¿es mejor cobrar hoy o cobrar mañana? Salvo que sea masoquista me dirá que mañana, aquí **medimos la capacidad de la empresa** para cobrar sus cuentas y el óptimo será **1 día mejor que 2, 2 mejor que 3. Cuanto mejor sea el dato, mejor financiación recibimos de nuestros clientes**. Aunque un dato muy "bueno" puede indicar una política de cobro que dañe ventas si no hablamos de productos que normalmente se paguen al contado como ropa, o alimentos frescos.

Finalmente **Periodo medio de pago** (saldo proveedores / ventas diarias), pues aunque corremos unos ciertos riesgos si retrasamos los pagos, principalmente que dejen de vendernos, si podemos pagar mañana en vez de hoy mejor que mejor, mientras más margen nos dejen nuestros proveedores, mejor financiación tendremos de ellos.

Ya somos capaces de ver si una empresa es eficiente o no por nosotros mismos.

DESCUENTOS DE...

Publicado en La Gaceta el 26 de Octubre de 2013

Hoy trataremos sobre toda una serie de métodos de valoración, que son muy populares porque son muy fáciles de usar.

En mi humilde opinión no son especialmente útiles, de simples que son se dejan cosas por el camino. Son los modelos de descuentos de flujos. Tenemos varios donde elegir, flujos de cajas, de dividendos, de ventas, etc.

Realmente, por poder, podemos descontar lo que queramos puesto que es una fórmula sencilla y aplicable a cualquier cosa. Una vez sabemos que es lo que queremos descontar, es decir calcular su valor presente, seleccionamos el tipo de descuento y si quieres ser más específico o el apunte contable que nos interesa nos los permite, podemos incluir un tipo de crecimiento para el flujo del que hablamos.

Pensemos por ejemplo en el modelo de descuento de dividendos. Tenemos los dividendos de este años y que "creemos saber" los de los próximos años. Cinco euros por acción por poner un número redondo. Ahora nos imaginamos que conocemos el tipo de descuento, que es un 10%o, que es el tipo de rentabilidad deseada y nos suponemos porque sí, que los dividendos durante los próximos años van a crecer cada año a una tasa del 6%.

Veamos ahora el descuento de flujos de caja, que es el otro modelo importante en esta serie. Para ponerlo en práctica necesitamos los flujos de caja (cash flows) de este año y de los próximos. Muchas veces como no se puede saber el de los próximos años, pues se presupone que serán iguales a este año, asunción esta mucho más realista (ironía). Siguiente paso, ahora tenemos que pensar el tipo de interés que usaremos como descuento, al cual llamaremos "r".

Se divide el cash flow por el tipo de interés (cash flow / 1 +r), y ya está, el cash flow del segundo año se divide por el tipo de descuento elevado al cuadrado, al tercer año elevado al cubo y así hasta el final de los días.

Estas son las dos medidas más importantes en esta serie, ambas nos dan como resultado una cifra que se supone el valor intrínseco de la acción. Digamos por ejemplo que usando el modelo de descuento de dividendos anterior nos sale 125 euros por acción.

¿Han visto ya cuál es el problema? Hay mucha suposición en este tipo de modelos. Es de todo menos infalible, viene digamos con errores de fábrica. El principal de ellos en mi opinión que da pie a muchas arbitrariedades.

Nivel de rentabilidad

El tipo de descuento o el nivel de rentabilidad requerido se elige fundamentándose en los tipos que marca el mercado en el momento de hacerse el análisis, en teoría, lo cierto es que aún suponiéndose que lo hagamos así... Si el analista decide que el resultado de 125 € no le gusta, ya sea por iniciativa propia como los policías que dan chivatazos ó bien porque algún superior le dice que eso no puede estar bien, pues baja el nivel de rentabilidad o sube la tasa de crecimiento de los dividendos y voila, en vez de 125 será 166 euros. Si por el contrario le parece que está muy alto, pues hace lo contrario, modificas el valor de los futuros cash flows, sube el tipo de descuento, baja el tipo, sazonamos al gusto y así puede justificar una recomendación de compra o venta según le convenga.

¿Cuándo debe usar esto? La lógica nos dice, que los modelos de descuento, deben usarse sólo en valores cuyos ingresos sean muy constantes. Por ejemplo, empresas cuyos ingresos dependan de concesiones públicas, que los ingresos por esas concesiones ya están establecidas, o empresas tipo concesionarias de autopistas, en las que es relativamente fácil determinar de antemano el número de peajes que van a pagarse en un año en base a lo que ha pasado en años anteriores.

Si trescientos mil vehículos usan una autopista de peaje, es poco probable que al año siguiente sean cuatro millones. Se saben que ingresos tendrán y es fácil cuantificar los costes operativos de mantener estas empresas en funcionamiento. Autostrada Milan Torino es una empresa cotizada italiana, que puede usar como conejillo de indias si quieren probar el método en su casa.

No dude en experimentar por su cuenta y tomar sus propias decisiones, y recuerde que todas estas medidas son referencias y ninguna es la panacea.

EL CONCEPTO DE VALOR AÑADIDO

Publicado en La Gaceta el 19 de Octubre de 2013

Aunque no se lo crea, todos los días tomamos decisiones en base a este concepto. De hecho, en cada compra financiamos con un impuesto sobre ello nuestras películas patrias y el salario de nuestros queridos asesores parlamentarios, no sé que haríamos sin ellos, yo personalmente sería mucho más infeliz sin asesores en el parlamento, ayuntamientos, etc.

Aún así, la mayoría no entienden realmente su significado. Montoro tampoco, no se preocupe.

Hay un par de definiciones académicas sobre ello, que pueden servir de introducción pero no terminan de explicar bien la importancia de lo que tenemos enfrente. Por una parte los gobiernos lo definen como la diferencia entre precios de mercado y costes de producción, que es la base del IVA. Es decir si yo compro aceite, huevos, cebollas y papas por 5 € y preparo una tortilla que vendo por 8 €, el valor añadido son 3 € y sobre eso hay que pagar un impuesto para que todos seamos más felices sin empresarios especuladores. Si no me cree respecto a lo de la felicidad, acérquense a una delegación de Hacienda y vean la cola de autónomos preparados para pagar el IVA por servicios que no han cobrado. La felicidad se palpa en el ambiente.

El sentido económico del término, que es el que nos interesa nos dice, que hablamos de lo que se agrega al producto, es decir, el **valor añadido,** es la razón por la que bajamos al bar de la esquina a por un pincho en vez de comprar el aceite, los huevos, la cebolla y las papas y hacerla nosotros mismos que es más barato.

De la misma manera que pasa con la tortilla, pasa con todo lo demás, IKEA basa su valor añadido en que puedes montar los muebles usted solito y eso te lo ahorras, si es de los que prefieren que vengan montados, puede comprar la última parte de la cadena de valor y que le lleven el mueble a casa ya montado.

En esas empresas de las que ya somos accionistas o seremos accionistas, tenemos que pensar y preguntarnos a nosotros mismos, ¿cuál es el valor añadido de nuestro producto?, ¿qué ofrecemos a nuestros cliente para que elija nuestro producto y no el de la competencia?, es decir, ¿por qué venir a nuestro bar a por el pincho de tortilla en vez de al de al lado? Algo tendrán los muebles de IKEA para que todo el mundo compre allí.

Los valores de nuestra cartera tienen que tener ese valor añadido sí o sí, deben tener algo diferente o hacer algo de forma diferente, ¿cómo saber que es ese algo?

Necesitamos una empresa que conozca bien a sus clientes. Quien no vele por los intereses de sus clientes, no sobrevive, así de claro.

Por ejemplo, Kinder, el de los huevos de chocolate. (no se ría). Sus clientes son…los padres de los niños que reclaman su huevito con regalo. El valor añadido para los niños es llevarse un juguete que les hará mucha ilusión y del que se olvidarán al cuarto de hora y el de los padres ahorrarse una rabieta. Todos satisfechos.

Hemos hablado de una empresa que conoce su producto, cómo satisface a sus diferentes clientes y ha incorporado esto como una parte fundamental de su modelo de negocio. Otro ejemplo parecido es McDonalds, su valor añadido es el conocimiento mundial de la marca. Si no sabes dónde ir, siempre hay un McDonalds, sabes que es lo que ofrecen, conoces los precios y si vas con un niño siempre, siempre, siempre hay una promoción en McDonalds para los niños.

Por lo tanto, ¿qué aporta que nuestras empresas conozcan y exploten su ventaja competitiva?, es decir que aporten algo valioso a sus clientes a cambio de su dinero.

Primero. Diferenciación de marca, si estoy en medio de una ciudad que desconozco, sé que puedo ir siempre a un McDonalds.

Segundo. Creación de nicho de mercado. La mejor manera de cargarse a la competencia es haciendo sentir especiales a sus clientes. Metro Bank en el Reino Unido, su fundador Vernon Hill tiene una oferta única. Abrir antes que nadie, cerrar más tarde que cualquier otro incluyendo sábados, domingos y festivos, resultado: en dos años el banco minorista con mayor crecimiento del Reino Unido.

Todo ello lleva a la fidelización del cliente, y por último y como consecuencia, aumentará el valor de la empresa, que se reflejará en el precio de la acción y tendrá una oportunidad en su cartera de hacerse rico.

¿CÓMO LAVAN EL DINERO LOS QUE SABEN LAVARLO?

Publicado en La Gaceta el 2 de Noviembre de 2013

Desde hace tiempo andan los políticos preocupados por el tema de la **economía sumergida**. Tanto por el hecho de que no sale a flote, como que nos sumergimos más y más, por el empeño en encontrar brotes verdes como si de un nuevo Mesías se tratara, como por el hecho de que esté saliendo a la luz todas sus vergüenzas. Porque **pagar impuestos es malo para la salud, no pagarlos por el contrario es un ejercicio intelectual como pocos**, hasta que Montoro te pille, pero cuidado que tener mucho dinero sin declarar también es malo.

Así lo manifiesta uno de los profesionales mejores pagados de España hace poco, concretamente un sindicalista andaluz, **"no sé qué hacer con tanto dinero"**, proclamó a sus camaradas. Y es cierto, ¿qué hace toda esta gente con tanto dinero negro? **Lavarlo, obviamente, y es más fácil de lo que creen**.

El sistema más simple es **comprar un negocio que conlleve mucho pago en efectivo y mucha dotación**, mucho movimiento y en el que a Hacienda le sea difícil rastrear el monto total de los servicios reales prestados.

Por ejemplo, un **centro de masajes**, ¿cuántos masajes pueden dar en un día?, ¿cien, doscientos, mil? No se sabe. **Centros de belleza, bares, restaurantes, discotecas**... ¿Cuántas paellas pueden servirse en un día o cuántos cubalibres pueden despacharse en una sola noche?... ¿tres?, trescientos?, ¿mil doscientos? Bueno, esta noche contabilizamos cuatrocientos y a otra cosa. Nadie va a venir a reclamar los tickets ni a calcular si el whisky o el ron utilizado corresponde con lo consumido. Los hombres de Montoro ya tienen muchas bodas que inspeccionar como para perder el tiempo con esas minucias.

Pero pongamos que alguien tiene una cantidad de dinero tal que podría pasarse dos vidas inflando recibos de whisky para que el dinero antes negro ahora brille y de esplendor.

Es hora de moverse un poquito más allá. Hacer lo que hacen los grandes, **crear una fundación**. Algo parecido a la **"Fundación Para el Mantenimiento y Manutención de los Míos"**, en adelante FMMM. Es una organización radicada, no sé, en la misma Panamá, que producir no produce nada, organiza eventos y conferencias a los que no va nadie, publica libros que no se leen y escribe informes y resúmenes sacados de la Wikipedia sobre los temas más peregrinos.

La FMMM recibirá **donaciones de una empresa muy caritativa que estará, por ejemplo, en Gibraltar**, una empresa dirigida por un señor muy inglés que probablemente se apellide García. Pero resulta que esta empresa también es suya, sólo que no lo saben.

Porque antes de montar la FMMM, montan a través de algún agente **una empresa en Gibraltar que también presta unos servicios difíciles de cuantificar**, mucho informe, mucha labor de asesoramiento, sin fabricar ni producir nada físico, que eso lleva trabajo y requiere tocar muchas puertas y llamar mucho la atención.

Pero, a ver, ¿cómo llevan el dinero de las comisiones hasta la cuenta en Gibraltar? Alguien podría preguntar tontamente que de dónde ha salido todo ese dinero, y, claro no va a contestar que viene directo de sobornos por contratos públicos.

Por lo tanto, para asegurarse de que nadie pregunta por esas cosas los auténticos profesionales del tema dan una vuelta más de tuerca. **Se van a las islas del Canal (el de la Mancha)**, en las que montan una **sociedad *off-shore* a nombre de un testaferro**, en la cual ingresan el dinero que llega en maletines, (un clásico es un clásico), que luego transfieren a su filial gibraltareña como pago por un informe sobre el hábitat del periquito, que a su vez donará dinero a la FMMM a cambio de un informe sobre la situación actual del gorrión común, y una vez el dinero ya está debidamente blanqueado en manos de una fundación caritativa... pueden dar orden de que ese dinero se invierta comprando inmuebles (por ejemplo un chalet en Los

Cabos, México) para los caritativos objetivos de nuestra caritativa fundación.

También pueden invertir en fondos o acciones (buena idea) desde la fundación. El dinero puede quedarse en Panamá, donde se vive estupendamente, o por el contrario puede reenviarse a otra sociedad o fundación española a cambio de informes sobre el canario silvestre, o para montar una campaña de networking activo y concienciación social sobre los problemas del vencejo, que incluya mucha bebida, mucho ir a restaurante y comprar televisiones de plasma.

Y así es, **como el dinero antes negro vuelve blanco e inmaculado a la madre patria y sin pisar los dominios de el señor Montoro**.

CUANTIFICANDO LA RENTABILIDAD

Publicado en La Gaceta el 9 de Noviembre de 2013

A menudo leemos en la prensa salmón noticias tipo Fulanito SA ha ganado 300 millones en el último trimestre. Esos números per se, no nos dicen nada, ¿es mucho o es poco? Pues depende oiga Vd. Que la ferretería de Don Manolo gane dos millones de euros es un logro digno de que Don Manolo vaya a Harvard a dar clases, que una empresa del S&P 500 gane dos millones de euros es una catástrofe que hará caer a todo el consejo.

Por ello, los analistas financieros utilizan una serie de ratios que permiten tener una visión más clara de la capacidad de la empresa de usar eficientemente sus recursos y hacernos ricos.

Todas esas métricas de las que hablaremos brevemente empiezan por "RO", "Return On" ("Rentabilidad sobre" para cargos electos). Así pues tenemos ROA, ROE, ROC, ROIC, ROCE, ROACE etc.

ROE. **Rentabilidad sobre acciones**. Se descompone en tres partes, igualmente importantes, lo que se llama ecuación de Du Pont, ¿Cómo gana dinero una empresa? Pues mejorando su margen de beneficios (beneficio sobre ventas), mejorando su eficiencia operativa (ventas sobre activos) y/o con un correcto uso del apalancamiento (activos sobre capital). Del significado y uso del apalancamiento escribiré otro día que hay para escribir un libro.

ROA. Sobre activos, podría parecer lo mismo, pero no. Nos dice cuánto dinero gana la empresa por cada euro invertido en los bienes de la empresa. Tiene el problema de que valora todos los activos por igual y no es así. No participa de la misma manera un archivero que la materia prima y tampoco la caja que tenemos, que además se ha originado por el uso efectivo de lo anterior.

ROCE. Rentabilidad sobre el capital empleado, bastante utilizado en el value investing. Como regla nemotécnica del tipo de acciones que nos interesa encontrar "hay que rozarse mucho y multiplicarse poco". Es decir empresas con ROCEs altos y bajos múltiplos. Es parecido al ROA, pero tiene en consideración las fuentes de financiación de la empresa. Así pues, calculamos el ROCE como el resultado operativo (EBIT) dividido por el capital empleado.

¿Qué es eso del capital empleado? Lo que se necesita para que funcione el negocio. Lo cierto es que no se ponen de acuerdo sobre lo que eso significa en el balance de una empresa. Las más usadas, activos totales menos deudas a corto plazo y la que me parece más interesante "activos fijos sumado al capital circulante". Recuerdo que el capital circulante es digamos lo que va a permanecer poco tiempo en la empresa y va a tener un uso en la operativa de la misma.

Así que el ROCE y el ROACE (capital medio empleado) refleja la eficacia real de los activos que vemos en el activo de la empresa a la hora de generar dinero, crear valor.

El principal inconveniente del ROCE, es que para medir la rentabilidad usa el valor contable. Esto hace que negocios maquinaria antigua y amortizada, ceteris paribus, tenga mayor ROCE y parezcan más rentable o por el contrario que empresas con balances inflados, por tenerlo llenos de activos sobrevalorados (por ejemplo inmuebles) muestras unos ROCEs menores. Por otra parte, a los beneficios, a los ingresos por ventas les afecta la inflación, pero no así el valor en libros. Por lo que el ROCE puede aumentar artificialmente en tanto y cuanto no se reajuste el valor contable de los activos.

Este ratio es bastante útil en entidades muy intensivas en capital, como son empresas de comunicaciones y utilities. En ocasiones hay que adjuntar el capital empleado eliminando la partida de caja.

Para finalizar está el ROC, rentabilidad sobre el capital total. Que utiliza el llamado NOPAT (EBIT*(1- Tax rate)) es decir el resultado operativo menos los impuestos en el numerador y en el denominador el capital total, que incluye acciones,

acciones preferentes y deuda a largo plazo de la empresa. El inconveniente de esto es que no nos dice de dónde proceden los beneficios, ganamos dinero, ¿pero gracias a qué?

Ya para finalizar un último detalle. La interpretación de todos estos ratios es siempre la misma. Cuanto más, mejor. Y además ese mismo dato al compararlo con el coste de capital (cuánto le cuesta a la empresa adquirir capital) nos indica si la empresa está creando valor (ROCE mayor que coste de capital) para el accionista y deberíamos comprarla o por el contrario deberíamos alejarnos porque esta acción está destruyendo valor para el accionista.

¿CÓMO SE VALORA UNA START-UP?

Publicado en Negocios.com el 20 de Noviembre de 2013

Ahora que está de moda emprender en España, porque ahora emprender es muy fácil, todo gracias a que el Gobierno ha aprobado una ley de emprendedores, **¿hay algo que ayude más a un emprendedor que una ley con su nombre (ironía) y mucho más cuando estamos hablando de una ley tan bien montada como esta (más ironía)?**

Supongamos pues que nos encontramos con alguien que no quiere servir a la casta política, sino que quiere ser emprendedor. **Mi primer consejo es que huya de España.** Ser emprendedor es más fácil en cualquier país de nuestro entorno, en algunos gracias a Internet y haciendo un par de clics ni siquiera es necesario vivir allí. La externalización hace el resto.

La inversión en empresas jóvenes, start-up, implica grandes riesgos, entre el 80% y el 90% de las start-ups fracasan, de hecho los fondos de capital riesgo no suelen admitir participaciones de pequeños inversores.

El riesgo se divide en dos tipos. Técnico, que el producto no llegue a estar preparado a tiempo. De mercado, que las expectativas no se cumplan.

El término **capital riesgo** se utiliza para definir a la industria que los anglosajones dividen en Private Equity y Venture Capital. El primero invierte en menos empresas pero mayores cantidades con tolerancia al error cero. Los segundos invierten cantidades más modestas pero en muchas empresas y dan por sentado que una parte importante de la inversión fracasará. Usaremos el término Venture Capital.

Así pues, números aparte, ¿cómo se valora un start-up? Lo primero será investigar al equipo emprendedor, **¿quiénes son?, ¿de dónde vienen?, ¿qué han hecho con su vida?** Y lo más importante ¿a dónde quieren ir? Estamos hablando de muchos ceros, si no confían en usted, olvídese no le darán dinero.

Después vendrá la valoración del plan de negocio. La clave será producto, producto y producto.

Lo importante es saber qué es lo que quiere vender, quién es su público objetivo y cómo lo quiere vender. Antes de acercarse a ningún inversor, estudie cada detalle, lo cual es imposible, pero se intenta, del mercado en el que se quiere entrar, cuánto dinero mueve, ¿mercado en crecimiento o maduro?, ¿quiénes son tus competidores? ¿Su producto hará crecer el mercado?, es decir, ¿su producto es tan innovador que atraerá al mercado a nuevos clientes a gente que no le interesaba este producto hasta ahora? **¿Qué valor añadido aporta su producto para que la gente cambie a sus competidores por usted? ¿Hay escasez o abundancia de proveedores?,** ¿estos dependen en exceso de acuerdos con tus rivales en el mercado?, ¿cómo crees que reaccionarán los competidores cuándo te vean en el mercado? Estas son algunas de las preguntas que requieren de una respuesta clara y concisa de usted a los inversores cuando se reúna con ellos.

En empresas tecnológicas de nuevo cuño, tipo aplicaciones móviles, es difícil articular algunas de estas preguntas pero es importante hacérselas. En definitiva la pregunta que resume todo esto el interés del inversor es: "¿me harás ganar dinero?".

Cuando ya se haya preparado las preguntas y respuestas es cuando puede ir con seguridad a buscar inversores. Es un camino duro, prepárese para fracasar. Estos hombres en cuanto le den su "confianza" le ayudarán a montar la empresa, a crear una red para comercializar el producto, a dirigir equipos pero por supuesto no a cambio de nada, serás su esclavo hasta que pagues la deuda, es decir hasta que recuperen su inversión.

Finalmente los inversores antes de entrar en números y empezar una series de reuniones, tres o cuatro o más antes de ofrecerte el dinero, se leerán nuevamente **el plan de negocio** que le haya presentado y tendrás en cuenta unos cuantos aspectos cualitativos más, entre ellos, podemos citar:

La coherencia del plan de negocio, si creen que no es realista en sus previsiones de beneficio, impacto publicitario, tasas de rentabilidad, olvídese, reescríbalo y vuelva a intentarlo.

La importancia estratégica de la start-up. **¿En qué sector está? ¿es una industria en la que quiere meterse el inversor?** Se mirará con mucho ojo las sinergias del producto con su cartera actual. Por qué quiere ampliar capital ¿en qué quieres usar el dinero? ¿en ponerte un buen sueldo? ¿comprar quipos y material?, ¿instalar una fábrica? ¿contratar publicidad? ¿Qué porcentaje les interesa a ellos comprar y a usted vender? ¿convergen o son incompatibles?

En cuanto esto lo hayan hecho, pasarán a los números. Y de eso hablaremos en el siguiente artículo. Hasta la próxima semana.

VALORANDO "START-UPS" II

Publicado en La Gaceta el 23 de Noviembre de 2013

En episodios anteriores de "Dinero Inteligente" explicamos cuáles son grosso modo los criterios cualitativos que se utilizan para la valoración de start-ups.

Esta vez estudiaremos los métodos cuantitativos. Habrá que hacer numeritos, pero no se preocupen que no hay cálculos infinitesimales ni nada por el estilo.

Lo primero que vamos a hacer es explicar y comprender porque dos modelos de los más utilizados no son válidos para las empresas de Venture Capital que invierten en empresas emprendedores, en su etapa semilla.

El modelo de descuento de flujos de caja. Cómo ya se ha explicado en otros artículos, son útiles en empresas muy estables, con perspectivas positivas, predecibles. Por ello a pesar de que siempre se incluye en los modelos de negocio de las start-ups porque con este modelo calculamos el valor actual neto (VAN) de los ingresos futuros y la tasa interna de rendimiento de la inversión (TIR). Se tiene como base la hipótesis realista de que nuestra start-up va a hacerlo tan bien como las empresas que ya están en el mercado, pues los venture capital no suelen usarlo. ¿Por qué? Porque una empresa de nueva creación no historia y por lo tanto los flujos de caja son solo especulaciones.

Las medidas relativas como el P/E, P/Cash Flow, etc tampoco se utilizan. La razón es bien sencilla, el mundo del capital riesgo juega con empresas muy innovadores, que no tienen nada a lo que compararse y el P/E (Precio sobre beneficios) solo sirve de algo si tenemos con qué compararlo.

Los dos conceptos claves en la industria del venture capital para valorar start-ups son la valoración "PRE-MONEY" es decir, el valor de la empresa antes de que los socios capitalistas arriesguen su dinero. Para ello, el inversor examina la compañía, sus activos actuales, el capital de la empresa, la propiedad intelectual, el potencial de los productos y sus activos intangibles. En ocasiones, se pone un tope (por ejemplo cuatro millones de euros) para no caer en el error de valorar en millones y millones a una idea tan brillante como incierta.

"POST-MONEY". Cuánto vale la compañía después de que los socios capitalistas hayan decidido arriesgar su dinero en la empresa. La valoración Post-Money es el valor descontado que esperar conseguir el inversor cuando salga de la empresa, por eso se suele definir también como el valor presente de la inversión en el momento de salida de la misma.

La diferencia entre el Pre y el Post Money es el valor de la inversión que hace el fondo de capital riesgo. Y cuando ya tenemos ese dato lo siguiente que hay que hacer es calcular el trozo del pastel que se lleva el inversor, hablamos claro está del porcentaje que se lleva el inversor del accionariado total de la empresa. Se calcula dividiendo el valor de la inversión por el valor total de la empresa en el momento Post Money. Antes de continuar, la empresa de capital riesgo hace este cálculo teniendo ya en mente que las start-ups exitosas necesitan más de una ronda de financiación y que su participación ahora quedará diluida en el futuro a medida que la empresa madure y no solamente necesite un mayor capital para atender a mayores clientes sino que además una vez probado su éxito en el mercado se acerquen muchos más inversores interesados en un cachito de la tarta además de otras consideraciones como por ejemplo el hecho de que el venture capital suele ser un accionista minoritario y que si la empresa fracasa, cosa probable por estadística, o si encuentra una mejor inversión puede serle difícil salir del accionariado de la empresa al ser una empresa inmadura que no cotiza en un mercado organizado.

Lo siguiente una vez sabemos el porcentaje que tendrá el venture capital será calcular el número de acciones que eso representa, puesto que la inversión se hace por ampliación de capital y no por compra de acciones. Esto se calcula haciendo una regla de tres, si los fundadores de la empresa tienen tantas acciones y se quedan con el 70% de la empresa, entonces los nuevos socios se quedan con tantas otras acciones de nueva creación.

Y como al final ya tenemos el valor de la inversión y el número de acciones que eso representa. Dividimos esta inversión por el número de acciones en poder de los nuevos socios capitalistas procedentes del capital y obtenemos cuanto valen las acciones de nuestra start-up.

EJEMPLO DE VALORACIÓN DE START UP
MÉTODO VENTURE CAPITAL

Pelazo Sin Volumen SL es una startup que desarrolla soluciones tecnológicas para la industria de la peluquería. Sus fundadores creen que pueden vender la compañía por 45 millones de euros en cinco años. Necesitan 4 millones de euros de capital y la empresa está dividida en cien mil acciones.

Colla Rica VC es un grupo de capital riesgo que está decidido arriesgar su dinero pero consideran apropiado un descuento del 50%.

Valórese la empresa.

Paso 1. POST MONEY.

Esto es igual al precio de venta dentro de cinco años, traído a valor presente, es decir descontando ese 50% de riesgo que preveé la empresa de inversión.

45millones / $(1+0,5)^5$ = 5.925.925,92 €.

Paso 2. PRE MONEY

La valoración si no se hubiera metido capital en la empresa. El capital son los cuatro millones que buscaban los fundadores.

PRE = POST - INVERSIÓN = 5.925.925,92 -4.000.000 = 1.925.925,92 €

Paso 3. PARTICIPACIÓN DEL INVERSOR CAPITALISTA.

El inversor no va a poner 4 millones en una empresa que tiene un valor descontado riesgo de casi 6 millones por amor al estado. En el mundo nadie da duros a cuatro pesetas o ha durado mucho para presumir de ello.

4.000.000 / 5.925.925,92 = 67,5%

Los inversores se quedarán con el 67,5% de la empresa.

Paso 4. NÚMERO DE ACCIONES EMITIDAS.

Los actuales accionistas tienen en total 100.000 acciones. Por lo tanto, hay que emitir nuevas acciones para los nuevos socios capitalistas. Para averiguar cuantas, simplemente hay que hacer una regla de tres.

Si 100.000 acciones representan el 32,5% de la empresa, el 67,5% serán...207.693 acciones.

Paso 5. PRECIO DE LA ACCIÓN TRAS LA INVERSIÓN.

Sabemos que Colla Rica VC ha invertido € 4.000.000 y que esto representan 207.693 acciones, se divide el primer valor entre el segundo.

precio acción = 4.000.000 / 207693 = **19,25 €**

FUNDAMENTOS DE LA INVERSIÓN INMOBILIARIA

Publicado en La Gaceta el 30 de Noviembre de 2013

Ahora que el broteverdismo nos invade son muchos los que piensan que el mercado inmobiliario vuelve a estar a punto de caramelo. El ladrillo nos metió en una crisis y la fe en el ladrillo nos sacará. El precio de la vivienda ha caído según a quien pregunte entre un treinta y un cuarenta por ciento desde inicios de la crisis hasta ahora.

La principal razón que esgrimen los broteverdistas, nueva tribu urbana de esta piel de toro llamada España, es que ya "no puede seguir cayendo porque ya ha caído mucho". Hala, ya está, con un par. No creo que haga falta señalar el punto flaco de ese argumento, independientemente de que tengan o no razón en la conclusión. Una sociedad con una población decreciente, con una tasa de paro insostenible, con el consumo interno por lo suelos y con unos sueldos en profunda deflación en el sector privado, que es el que mueve el país, que los precios de venta de la vivienda suban está todavía por ver.

Las noticias de operaciones de fondos inmobiliarios en España han alimentado el broteverdismo. No creo que una cosa lleve a la otra necesariamente. Muchos fondos se centran en los beneficios del alquiler antes que de la venta por revalorización de las propiedades ahora adquiridas, unidades inmobiliarias que no son viviendas en muchos casos.

Estos fondos pueden ser más complejos de lo que parecen a simple vista y no son recomendables para pequeños inversores, de hecho lo mejor que puede hacer un pequeño inversor que quiera meterse en líos inmobiliarios a estas alturas del partido es… comprar plazas de garajes e inmediatamente ponerlas a alquiler, si vive en grandes ciudades. Luego verán el porqué.

Los fondos dividen las unidades inmobiliarias en seis tipos diferentes.

Solares, viviendas, locales de oficinas, almacenes – uso industrial, centros (locales) comerciales, y alojamiento (Hoteles)

Cada uno de estos grupos tienen una serie de características diferentes y les afectan de forma diferente. Una de ellas es si la inversión requiere una gestión pasiva o activa.

Los solares o las plazas de garaje o guardamuebles son inversiones pasivas. No requieren de una gran dedicación por parte del inversor. Cuando uno compra una plaza de garaje no se pone a reformar ni a pintar su garaje para dejarlo cuco. No, lo que importa es que te paguen. Y como es un alquiler normalmente bajo, no suele haber impagos, es una inversión relativamente segura de recuperar.

En el bando contrario, nos encontramos con viviendas, bloques de oficinas, locales o centros comerciales. Esto requiere una gestión activa, tienes que mantener a los inquilinos contentos, y eso implica en ocasiones hacer malabares como bajar alquiler para asegurarte ingresos. Un Zara atraerá clientes a un centro comercial, no sólo a Zara sino a las tiendas de alrededor. Al dueño de un centro comercial puede salirle rentable bajarle el alquiler a Inditex para que el resto de las tiendas se beneficien del efecto llamada y llenen las cajas.

Lo siguiente es conocer la liquidez de la inversión. Cuando hablamos de inversión inmobiliaria, la liquidez es cómo hacemos dinero. La inversión más ilíquida que existe son los terrenos, los solares. Aquello por lo que brotaron los "promotores inmobiliarios".

Como inversión no vale nada, no produce ningún tipo de renta y sólo es rentable el día que consiga venderlo.

En el otro lado de la moneda tenemos a viviendas y oficinas. Hay ingresos por alquiler, por venta y en casi todos los países hay desgravaciones fiscales por compra y por depreciación de las mismas, (en España se han quitado este tipo de ventajas).

Finalmente, una vez tenemos todo lo anterior en consideración es la hora de calcular el valor presente neto (VAN). El VAN es la actualización a dinero de hoy de lo que esperamos sacar por la inversión. En este caso se dividen, los CFAT (Flujos de Caja después de impuestos) por el tipo de descuento, (es decir, cuánto valor pierde el dinero de un año para otro). El CFAT se calcula como el ingreso operativo de la inversión menos el servicio de la deuda (por ejemplo si sobre la propiedad hay una carga hipotecaria) y menos los impuestos a abonar y en el último año previsto de la inversión se descuenta el ERAT que es lo que le queda al inversor después de pagar las deudas, impuestos y costes asociados de vender una propiedad al final del proyecto. Si el resultado es positivo, el fondo procederá a la inversión, en caso negativo se olvida y se sigue buscando.

DIFERENCIAS ENTRE P/CASH FLOW Y P / EBITDA

Ya queda menos para terminar este pequeño manual para entender mejor el trabajo de Warren Buffett y nos acercamos a terminar de explicar los ratios para poder calcular y analizar por nosotros mismos, sin tener que recurrir a nadie, a acercarnos a nuestra propia independencia.

Y de esas últimas cosas que nos quedan por estudiar es el uso y el porqué son interesantes los ratios que relacionan el precio de la acción con diferentes valores contables. Ya hablamos en su momento del P/E, la medida de valoración favorita de Warren. Pero hay un par más que merecen la pena ser tenido en consideración Price /Cash Flow y el Price/Ebitda.

El Price / Cash Flow, valora el precio de una acción en base al resultado de su cash flow.

Para evitar la volatilidad de las acciones, no tomamos el precio de ese mismo día, sino una media de los últimos treinta o sesenta días por el otro lado y para evitar problemas de estacionalidad del negocio, (no es lo mismo analizar una cadena de panaderías con una empresa que fábrica dulces y tiene una línea específica para turrones en la campaña navideña) se calcula una media de los resultados de cash flows mensuales del último año como divisor.

El Flujo de Caja puede ser calculado de diferentes formas, unos escogen el flujo de caja operativo, otros el total, según las empresas unos escogen el flujo de caja financiero. El más habitual es utilizar el "Free Cash Flow", Flujo de Caja Libre. Definimos Free Cash Flow como resultado operativo menos los intereses, más la depreciación y la amortización (porque no implican salidas de caja) se resta también los gastos de capital incurridos por la empresa y se les suma el cambio en el fondo de maniobra, que recuerdo, es la diferencia entre activos y pasivos corrientes.

La principal ventaja de este ratio es que a diferencia de lo que pasa con la cifra de ventas, que puede estar manipulado por una contabilidad agresiva o los beneficios, el Flujo de Caja no es nada fácil manipularlo, la pasta que entra y la que sale es la que es y todo queda reflejado en el Cash Flow. Además en según que industrias el P/CF mide mejor el valor real de la empresa que el P/E. Por ejemplo, en aquellas empresas que requieren un nivel de inversión muy alto en una fase inicial y que no se ve reflejado en los ingresos, por ejemplo, una empresa farmacéutica

La desventaja, como reflejé arriba es que hay diferentes medidas de cash flow, incluso dos o tres diferencias entre el flujo libre de caja, que puede ser destinado tanto a la empresa como a los accionistas, por lo que a la hora de utilizarlo hay que dejar claro qué definición estás utilizando y por qué.

En cuanto a la definición un P/CF alto indica que aunque la empresa está cotizando a un valor muy alto, no está generando caja que justifique dicho valor, por lo tanto cuanto menor sea el P/CF mejor, pues indica que la empresa está haciendo caja pero no el precio no está reflejando el valor real de ese movimiento de dinero.

El Price/Ebitda es la otra métrica a analizar. Conceptualmente es similar al PER, (Price Earnings Ratio) pero utilizando el Ebitda, (beneficios antes de intereses, impuestos y amortización y depreciación) Se utiliza mucho menos, pero aún así hay que tenerlo en cuenta porque en algunas industrias es mucho más útil utilizar esta métrica que la habitual del PER. Por ejemplo para comparar empresas similares A y B pero en la que los niveles de deuda de una son mucho mayores que en la otra empresa B. P/EBITDA resulta mucho más útil a la hora de analizar la rentabilidad del negocio propiamente dicho. Es decir, permite valorar a empresas como si fueran iguales, a pesa de que tienen diferentes niveles de apalancamiento.

Igualmente, en industrias en las que se requiera de una gran infraestructura o una gran inversión de entrada, con un periodo de gestación muy grande, resulta mejor utilizar el EBITDA y no los ingresos, porque los ingresos no va a darnos una visión clara del potencial de la acción.

En operaciones de compras apalancadas, (es decir, usando deuda), el uso del EBITDA nos dará una visión más clara del potencial de esa compra, pues el EBITDA no descuenta el pago de intereses de deuda, lo cual lastra la valoración final en caso de usar el PER. Esto es debido a que el EBITDA mide la calidad del negocio en sí, y no tiene en consideración la estructura de la empresa.

El EBITDA Se utiliza mucho más junto al concepto de "valor de la empresa", pero esa será el próximo ratio que veremos.

EL VALOR DE LA EMPRESA

Publicado en Negocios.com el 16 de Diciembre de 2013

A menudo en la prensa salmón se hace referencia al concepto de valor de la empresa y **frecuentemente se preguntarán cómo lo miden.**

Desde el punto de vista del análisis financiero, **"El valor de empresa", es un concepto que representa el precio total que habría de pagar un tercero por adquirirla.** Si hablamos de una empresa eso es el valor de capitalización, la suma del número de acciones por el precio de las mismas, cierto ¿no? Pues no, el concepto del que hablo es mucho más preciso como valor de adquisición que la capitalización bursátil porque incluye una serie de factores como la deuda pendiente de la empresas, las acciones referentes o las reservas de caja, que no son tenidos en cuenta en la capitalización bursátil.

¿Cómo se calcula? Sumando a la capitalización bursátil, el valor de las acciones preferentes de la compañía, el valor de la deuda de la misma y a esto se le resta el dinero en efectivo en caja de la empresa, tal como figura en el balance.

La razón de que se reste la caja, es que una vez comprada la empresa el dinero que haya en la caja es suyo, y compensa el dinero pagado por los activos y pasivos de la misma.

Peter Cundill, un inversor de leyenda, solía decir que era mucho mejor una empresa con muchos activos y poco cash, porque al comprar la empresa ya haría el cash quitándose los activos que no les interesara.

¿Por qué es esto importante? Porque mucho inversores, dentro de la filosofía value, buscan empresas que generan cash flows que estén en consonancia con el valor de la empresa y/o que tengan un buen resultado operativo, es decir Ebitda, a la par con el valor de la empresa. He ahí que aparece ante nuestros ojos **la última ratio importante de esta saga de artículos. El enterprise Value / Ebitda.**

Explicaré antes de continuar, que algunos de los ajustes que se cocinan en los despachos, por ejemplo en las agencias de Rating, para no pervertir el dato son por ejemplo incluir como deuda los planes de pensiones corporativos, las operaciones de lease dentro de la empresa, igualmente al Ebitda hay que añadir de vuelta los costes de leasing y pensiones para poder comparar manzanas con manzanas.

El EV/Ebitda es considerado por algunos una mejor medida que el PER para saber si una acción está infra o sobrevalorada. En realidad, PER y el EV/Ebitda son ratios complementarios, cada uno de ellos nos desvela una parte de la película y nos dan motivos para decidir por nosotros mismos si una acción es una buena compra o no lo es. La razón de que algunos consideren el EV / Ebitda como "mejor" al P/E es que al EV/Ebitda como ratio no le afecta la estructura de capital.

El PER considera un escenario en el que la compañía consigue capital y usa esos fondos para repagar préstamos, lo cual resulta en un menor beneficio por acción y por ello un mayor P/E. Por el contrario como el EV/ Ebitda no se ve afectado por cambios en la estructura de capital, no puede manipularse y por lo tanto permite comparar empresas con diferentes estructuras internas, además el EV/Ebitda borra el efecto de la políticas de depreciación y amortización de la compañía. Recuerde que usted como inversor value está más interesado en los flujos de caja, que en el valor contable de la depreciación de la maquinaria. De todas maneras, **no es recomendable utilizar esta medida para comparar empresas de diferentes industrias.**

Interpretación.

De una forma similar al PER. **Cuanto menor sea el resultado, mejor para nosotros.** Las acciones infravaloradas tienen EV/ Ebitdas bajos. ¿Por qué? Si la acción tiene un resultado operativo alto en comparación con el valor de empresa, significa que es una empresa que requiere muy poca inversión adicional y nos reportará beneficios rápidamente.

Además eso nos indica que independientemente de cómo esté gestionada luego la empresa, **un buen dato de Ebitda nos indica que la actividad principal de la empresa, es un buen negocio**, algo que también miramos cuando estudiamos el PER, pero con la diferencia de que con este ratio tenemos en consideración el nivel de deuda al que se enfrenta la empresa y el nivel de cash que guarda en su caja fuerte por lo que uno complementa el resultado del otro. Y con esto, terminamos la sesión de ratios y medidas financieras de esta saga de artículos.

EL FIN DE LA GACETA

Diez días después de que fuera publicado el penúltimo artículo que envíe a La Gaceta y tras la huelga de sus trabajadores que tuvo lugar en Diciembre la lenta agonía de este periódico al que siempre le tendré un gran cariño y aprecio por haberme dado la oportunidad de expresarme vino a su fin.

El 26 de Diciembre La Gaceta dejó de publicarse en papel. Dejando pendiente de publicar entre otras cosas, el último artículo que había enviado.

En el cierre de La Gaceta participaron muchos factores, los económicos, los fundamentales los más importantes de todos ellos. El Mercado (sí con mayúscula) en su soberana decisión había decidido rechazar como había hecho con otros muchos el papel.

En el siglo de la información y la tecnología la prensa escrita es una rémora del pasado. El producto terminado, la información, tiene que ser de una enorme calidad periodística para que la gente pague por algo que en internet puede conseguirse gratis y en grandes cantidades.

Al final como en todo lo demás, se reduce a una cuestión de valor añadido. Si creas valor al cliente, este hará de tu negocio, de tu inversión algo de lo que ganar dinero, si no se cierra.

Cuando esto ocurrió, tenía en la cabeza una lista de temas que me hubiera gustado tocar antes de dejar mi aventura periodística tocara a su fin. No pudo ser.

Lo pensé en su momento con Fernando y decidí seguir adelante por mi cuenta, seguí escribiendo aquello sobre lo que quería escribir y a partir de esta página puede leerse el resultado.

De las otras razones por las que La Gaceta cerró pero otros periódicos en la misma o peor situación siguen en pie ya escribirán otros.

FUNDAMENTOS DE GESTIÓN DE CARTERAS

Últimamente, he ido dando de la manera más pedagógica posible nociones sobre cómo elegir acciones, tanto cualitativa cómo cuantitativa, qué cifras buscan los analistas, esos señores trajeados, qué se busca en las acciones, qué se busca en los ejecutivos y qué datos de la contabilidad se mira y remira con lupa antes de tomar ninguna decisión.

Ahora sabe cómo seleccionar acciones, próximamente tendrá capacidad para tener varias acciones y gestionarlas puede convertirse en tarea complicada.

La gestión de carteras, tal cómo lo entienden los profesionales, se divide en tres procesos diferenciados. **Planificación, Ejecución y Retroalimentación**.

Durante el primer proceso. La Planificación, el gestor de carteras decidirá objetivos y restricciones de la inversión. La restricción lógica es todo aquello que no sea rentable, pero el mundo real es más complicadas y hay gente tiquismiquis por ahí, puede que a un cliente no le gusten los eslovacos, y no quiera bajo ningún concepto invertir en Eslovaquia. Puede que por su situación patrimonial no quiera invertir en sectores más volátiles o arriesgados, o viva en un país con una tasa de impuestos al cobro de dividendos muy alto y prefiera acciones que no distribuyan dividendos o tiene un horizonte temporal determinado, por ejemplo tres o cuatro años, tras lo cual querrá comprarse una casa grande para criar a su familia, pagarle un máster en Harvard a su hijo.

Con todo esto en mente se definen cuáles son los objetivos, cuánto dinero quieren ganar y definir la política de inversión. La IPS, **Investment Policy Statement**, que dicen los gringos. Aunque sea un inversor pequeño, es importante escribirlo, aunque sea en una hoja de papel, tener presente lo que se hace y lo que no se puede hacer. Entre otras cosas, porque para un pequeño inversor la planificación previa, es la fase más importante de todas.

Segunda fase. **Ejecución**. Aquí es cuando se realiza la construcción de la cartera. Compramos lo que queramos comprar. ¿Qué hay que tener en cuenta también? Pues las **implicaciones fiscales**.

Hacienda es un socio oculto al que hay que rendir cuentas siempre, así que ha de figurar siempre al principio de la lista, y como prioridad número uno.

Los **costes de transacción**. Cuando se compran acciones, hay que pagar una comisión al broker, es decir con su intermediario con los mercados, esa comisión se divide realmente en tres, el beneficio del broker, la comisión que te cobra la bolsa por operar con ellos y la comisión que te cobre la cámara de compensación por su trabajo. La cámara de compensación es el registro de propiedad de la bolsa, quienes certifican que la acción X de la empresa Y ha pasado a las 13.13.13 del día 12 del 12 de Fulanito a Menganito a un precio Z usando como intermediario al broker alfa.

La tercera y última fase es la de **Retroalimentación**. Este es el momento de sentarse delante del ordenador con un café, una coca cola o lo que se prefiera y revisar tranquilamente los resultados, cuáles eran las expectativas iniciales, si se ha acertado o se ha fallado y reflexionar.

¿Por qué se ha ganado dinero y por qué se ha perdido? Pensar si las ganancias, las pérdidas o las circunstancias personales han cambiado y qué consecuencias tiene ello en su IPS, igual ahora podemos entrar en opciones más arriesgadas o puede que por el contrario sea mejor dejar las acciones como están ó cambiar a acciones más estables si las ganancias se deben a un día de espectaculares subidas y no a que la acción tenga unos fundamentales que adelanten un crecimiento estable en el tiempo.

La gestión de carteras es bastante más complejo y varía mucho según cuál sea el **Asset Allocation**, es decir, la distribución de activos de la misma, que es el factor más importante a la hora de definir la cartera y de predecir, cosa harto difícil, los resultados de la misma.

No es lo mismo si todo está invertido en acciones, si hay una parte en bonos del estado, si la mayoría son bonos, si son corporativos o de otros países, si las acciones son "value", si hablamos de empresas con un historial de dividendos o empresas jóvenes tecnológicas, etc.

Pero entendiendo los fundamentos de la gestión, puede manejarse de una manera más profesional en el mundo de la inversión como el futuro Warren Buffett al que aspira a convertirse.

FUNDAMENTOS DEL MERCADO DE COMMODITIES

A medida que avanza la sociedad, gracias al libre mercado, el uso eficiente de las materias primas gana importancia. La inversión directa en commodities es compleja, ya sea mediante exposición física, o mediante la compra de futuros, opciones sobre el mismo o comprando un ETC (Exchange Traded Commodity) un producto que replica la cotización de un commodity en concreto. Así que antes de meterse en ese mundo, estudiar bien, tener claro cual es nuestro propio círculo de competencia y no invertir en diecisiete cosas a la vez.

Aunque no invierta directamente en él. **En una empresa manufacturera el mayor componente inflacionario es la energía,** carísima en España por el déficit de tarifa, por los impuestos, por el privilegio a la estafa de los renovables, por la moratoria nuclear etc. **Y el precio de las materias primas.** Este mercado ayuda a comprender porqué las malas decisiones de la casta tienen consecuencias en cada línea de montaje.

Aclaro ahora que se entiende por commodities, muchos profanos tienden a pensar que son sólo productos mineros. Nada más lejos de la realidad, si se analiza el CME (Chicago Mercantile Exchange) encontramos cosas de los más dispares. Se divide el mercado en los siguientes subsectores.

Hard & Softs, terminología inglesa que no tiene mucho sentido en español. Dentro de los duros encontramos la energía. Petróleo, Carbón, etc. Así entenderemos como se moverán las empresas energéticas y la evolución de los costes industriales, en un análisis "macro" se puede ir más allá. Un alza del carbón tendrá un efecto menor en Francia con una potencia de energía nuclear propia de un país desarrollado que en España país de huertos solares improductivos.

Una energía barata facilita la competitividad y el desarrollo del tejido industrial. Siguiendo con los hards vemos los metales, que se dividen en industriales y preciosos. Los primeros, como su nombre indica, Aluminio, Cobre, etc. Sirven a diferentes industrias, p.ej. el Aluminio en la industria Automovilística. Cobre para las infraestructuras de comunicación, etc.

El **Oro y la Plata**, los metales preciosos más importantes, son metales monetarios, es decir, se han usado, se usan y se seguirán usando como dinero y no es por casualidad que el patrón Oro, fuera a efectos prácticos la primera moneda universal, no se conoce lugar donde no se aprecie el oro.

Ahora se encuentra desinflado. Pero no ha perdido su significado. La importancia del oro, es que nos cuenta como se encuentran las divisas. A largo plazo, la cotización del Oro como sustituto del dinero fiduciario, se mueve en función de la confianza en la moneda de referencia, es decir el dólar. Se aprecia el dólar, el oro baja, hay desconfianza en el billete verde porque Bernanke 2.0 decide iniciar el Quantitative Easing 4 ó 400, sube el oro. Normal que aquellos que lo tienen, no lo vendan y aquellos que lo pueden manipular, es decir los bancos centrales, manipulen siempre el mercado.

Pasemos a los softs. Ganado es una de las categorías, aquí cotizan cosas como las tripas de cerdo. Cosa importantísima, veo la cara de asombro del lector urbanita, para Viscofán, empresa española líder mundial en envoltorios de embutidos, mira esto con mucho cuidado a todas horas y si incluye en su cartera, pues igual también debería echarle un ojo de vez en cuando.

La muestra sigue con los productos agrícolas. Arroz, Soja, Cacao, Zumo de Naranja, Aceite de oliva en España (MFAO) son algunos de los más interesantes.

Todo esto se mira con lupa para hacer predicciones fiables de inflación, cómo evolucionarán las grandes cadenas de alimentación tipo Wal-Mart, que pasa con países en vías de desarrollo que dependen casi en exclusiva de la exportación de sus productos agrícolas, **con el permiso de la UE y de su casta de privilegiados y subvencionados agricultores**. La UE ya se sabe cree en el libre comercio, excepto para el campo. Ese pequeño grupo de trabajadores que se come la mitad del presupuesto comunitario ha de estar continuamente privilegiado. David Ricardo no creo que estuviera de acuerdo de acuerdo con ese reparto, pero él era economista, no un político pegado a una tumbona en Bruselas.

Y con esto, finalmente termina la explicación de por qué aunque no invierta en él, no debemos dejar de seguir el mercado de commodities.

KEEP CALM AND READ MISES

Hasta ahora no he escrito nada de principios de economía. Lo considero un tema un poco complicado para el objetivo de este trabajo, y si ha llegado hasta aquí es que esté preparado para despertar.

Todos los sistemas de valoración, todas las filosofías de gestión de empresas, tienen detrás un fundamento, una idea económica trascendental, que actúa de manera inconsciente en nuestra manera de trabajar y que nos lleva al éxito o al fracaso. El presidente de coca cola no piensa en filósofos ya fallecidos cuando toma su decisión, conscientemente, pero si les soltáramos los principios de las diferentes escuelas de pensamiento económico, seguro que se sentiría identificado con una en particular.

Por desgracia, vivimos en un mundo en el que los planes de estudios se deciden en los despachos de los burócratas y por ello es perfectamente posible que un chico se licencie y doctore en economía tras quemarse las cejas memorizando desarrollos econométricos y el sagrado evangelio del multiplicador keynesiano y las dos curvas que se cruzan de los neoclásicos, lo que llamo el contubernio neoclásico keynesiano., y no haber oído nunca jamás de autores como **Mises**, el mejor economista de la historia (en mi humilde opinión) ni de su obra magna "**La acción humana**".

Se podría escribir un libro o mil sobre las diferencias entre la escuela austriaca y el contubernio.

Dejaré una idea fundamental que lo resume todo. La escuela austriaca, a diferencia del contubernio, cree en Usted, cree en el libre mercado, en la capacidad de usted como parte del mercado de cambiar el mundo. Cree en la bondad de la competencia y en la capacidad del ser humano de superarse, de ser emprendedor y buscar sus sueños para mejorar el presente.

Mientras el contubernio cree en un ser mitológico, al que llama, homo economicus, y que lo sabe todo, que tiene siempre toda la información y el conocimiento necesario para tomar cualquier decisión, no se le escapa nada y por lo tanto nunca se equivoca. Vaya algo realista, pues con eso en la cabeza salen el noventa por ciento de los licenciados en economía de las universidades españolas.

Los austriacos por el contrario, prefieren creer en **Google**, toda la información se encuentra dispersa, está por ahí, disponible para todos, todos tenemos ciertos retazos de información pero ninguno tiene toda la información. Mientras el homo economicus es infalible, como el Papa de Roma, el emprendedor austriaco sabe que errar es de humanos…y rectificar es de sabios. De los errores se aprende y nos ayuda mejorar.

El contubernio sueña con alcanzar un "equilibrio", una perfecta situación de armonía en la que todos son felices y tendremos todos los productos al mismo precio. Competencia Perfecta lo llaman.

Yo no quiero que ese "equilibrio" llegue nunca. Ya me dirán ustedes que tiene de perfecta una competencia en la que nadie compite. La ambición es buena digan lo que digan los funcionarios de universidad. A pesar de lo que digan sus modelos estáticos, el mundo es dinámico, se mueve, y allí dónde, se ha condimentado la acción de los gobiernos, feroces guardianes de la ortodoxia y el status quo, con (algunas) recetas austriacas la libertad ha prosperado y con ella, el ingenio, los emprendedores han brotado, las tecnologías ha cambiado nuestra vida exponencialmente y todos han prosperado, vean hasta dónde hemos llegado. Japón era un país medieval de chabolas en la segunda guerra mundial, han pasado setenta años y ahora sus universidades están entre las mejores del mundo y estamos sólo a menos de mitad de camino.

Imaginen dónde podríamos llegar si todos avanzáramos hacía el mismo camino de la libertad. Porque dónde hay emprendedores, habrá empresas creadoras de valor, y allá dónde se crea en la libertad de empresa, llegarán inversores dispuestos a aprovechar las oportunidades que surgen y surgirán, y es ahí dónde usted que está buscando oportunidad de inversión, más fácilmente las encontrará y por todo ello, querido amigo, para mejorar sus habilidades como inversor, y aclarar el marco teórico en el que usted toma decisiones, mientras junta todos los pedacitos de información que vaya encontrando. **Keep Calm and Read Mises.**

PROS Y CONTRAS DEL APALANCAMIENTO

Hace tiempo que quería escribir sobre esto. En los tiempos de crisis, u muchos la pasan canutas es por no haber sabido gestionar su **apalancamiento**.

El estudio del apalancamiento es conocer en que se apoyan los resultados de la empresa. Tenemos dos tipos diferentes. El operativo y el financiero.

El operativo es el cambio en el resultado operativo respecto al cambio en ventas. Es decir, vemos cuanto tenemos que vender para una vez descontados los gastos de personal, administrativos, producción etc. nos quede un euro. Es una forma de ver cómo se comporta la empresa y cómo la evolución en ventas se traslada al resultado operativo de la empresa. Si las ventas crecen un 10% pero el resultado operativo sólo sube un 2%, ahí hay algo que va mal.

Una mayor parte de las ventas se están destinando a cubrir costes y hay que averiguar el porqué. Una empresa que realiza pocas ventas, con un gran margen, tiene un apalancamiento operativo muy alto. Una empresa de la competencia realiza muchas ventas, contribuyendo cada venta sólo un poquito en el resultado operativo, se dice que esta empresa tiene un apalancamiento bajo. Cuanto mayor sea esta magnitud, mayor es el riesgo de errar a la hora de predecir la evolución de la compañía.

¿Pero qué pasa con el apalancamiento financiero? Ahí llamamos apalancamiento a la compra de activos con dinero prestado. Cómo los políticos.

La idea que lo justifica es la creencia, "fe ciega", de que los ingresos, la tasa de retorno alcanzado gracias a la inversión realizada será mayor que la tasa de interés a pagar por el préstamo en el que se incurre.

Para entenderlo, un ejemplo sencillo y barriobajero.

Imagine un chico que en su casa tiene un televisor de plasma de 58" en perfecto estado, pero necesita dinero para una inversión segura de la que sacar tajada. Para ello, lleva su pedazo de tele a una casa de empeños y le dan 500 € por ella. Con ese dinero, acomete la primera parte de la inversión, que no he dicho cual es. Comprar el activo, que en este caso es Cocaína.

Ahora es el momento de utilizar el activo y procesarlo para que sea productivo. Se corta y se envasa en unidosis para su venta minorista. Con esto y una investigación para conocer su nicho de mercado, se acerca a su asociación de creativos publicitarios más cercano y vende la mercancía.

Se saca unos 600 € de ingresos por venta. Con este dinero, volvemos a la casa de empeño, desempeñamos la tele de plasma pagando un interés de 15 € y tenemos un beneficio de ochenta y cinco euros sin haber puesto un duro de nuestro dinero. Los ratios de beneficio, ROE, y ROCE altísimos, infinitos. MARAVILLOSO.

¿Dónde está el problema a todo esto? Modigliani y Miller, dos lumbreras, que recibieron el premio Nóbel por decir que da igual como se financie la empresa, que endeudarse masivamente no tiene consecuencias y otros lumbreras por el estilo que defienden lo mismo pero en el gobierno (Krugman, esta indirecta va por ti), endeudarse no es bueno.

De la misma manera que al traficante del cuento le podría haber salido el tiro por la culata si la policía llega a pillarlo (**Niños, traficar con drogas está mal a fuer de ilegal, si quieren hacer cosas malas mejor apúntense al algún partido político**) las empresas que recurren masivamente a deuda acaban pagándolo.

Muchos de los problemas de los bancos y cajas, es que financiaron a empresas que compraron otras empresas X haciendo uso solamente de deuda, a esto se le conoce como LBO, y si X se da una hostia pues te caes con todo el equipo.

La ventaja es para el balance del comprador, la acción no se diluye por no tener que ampliar capital. Los ratios de rentabilidad de la empresa explotan con el consiguiente peloteo de analistas pocos achispados que hablan de las maravillas del apalancamiento.

Todo esto se va a hacer gárgaras y acabas con un pie en la quiebra y viviendo para pagar al banco. Esto no es ninguna ficción lo están viviendo en carnes centenares de empresas, que parecían buenas inversiones pero no lo eran.

Por ello y a pesar de que los ratios y algunos analistas y premios Nóbeles digan lo contrario, como inversor value, será mucho mejor que busque empresas que no se "apalancan" a la hora de invertir que aquellas que han de recurrir a endeudarse y empeñar la tele de la sala de reuniones para salir adelante.

INTRODUCCIÓN AL ANÁLISIS INDUSTRIAL

Hay que comparar siempre los resultados que obtengamos con los de la industria. Momento de dar un paso adelante y entender cómo se estudia a una industria en su conjunto.

El modelo, desarrollado tras años de ensayo y error consiste en dividir lo que afecta a cualquier industria en seis factores diferenciados.

1º Clasificación de la industria según como reaccione al ciclo económica y la fase de la vida en la que se encuentra el sector en estudio.

Las fases por la que pasan una empresa son: **pionero**, por ejemplo **Pebble**, fabricante de smartwatch.

Crecimiento, el producto ya está en el mercado y la gente lo conoce e inicia su expansión. La fabricación de tabletas y aplicaciones móviles.

Una industria **madura** sería la textil, crece al ritmo de la economía, con muchas empresas en el sector y la fase de declive, a evitar, empresas con una tecnologías obsoletas. Kodak tuvo que cerrar y reinventarse porque los carretes ya no daba más de sí.

En cuanto a la respuesta al ciclo económico, podemos encontrar empresas de **crecimientos**, (biotecnológicas). Empresas **defensivas** que se mueven menos en épocas de crisis, en sectores maduros y empresas cíclicas, crece cuando todo va bien y las pasa canutas cuando va mal, la industria Automovilística es un ejemplo de esto.

Siguiente paso, **análisis de demanda**, estudiar quienes son los clientes y como podemos clasificarlos, si vendes juguetes los clientes serán los niños y más importante los padres. Estudiar el input / output que requiere esa industria y la utilidad que tienen los productos para los clientes.

Tercero. **Análisis de la oferta**. Cómo ajusta el sector la oferta con los intereses de los clientes. Hacer lo que se llama un análisis de la capacidad de utilización. Cómo respondemos a las nuevas necesidades de los clientes.

Cuarto. **Estudiar la rentabilidad de la industria**, qué margen sacamos, cómo se hace dinero, para ello se pone el foco en investigar no sólo los números, sus márgenes, ROE, ROCE, etc.

Sino la segmentación del producto, es decir capacidad para cargar mayores precios que la competencia o si se dirige a un mercado joven, adulto, de alto poder adquisitivo, de clase media, etc. Nivel de concentración, hay dos ó doscientas empresas haciendo lo mismo que tú y cuál es su estructura. ¿Cómo de fácil es entrar en la industria? No es lo mismo una operadora de telefonía móvil que un taller de costura. Nivel de precios de los inputs necesarios, recordad el mercado de commodities, siempre importante teniendo en mente todo esto no da la idea de cómo se puede prever los márgenes de la industria que estamos analizando.

Quinto. Estudio de mercado y la competencia a nivel internacional. Vivimos en un mundo global, incluso si hablamos de la industria de la comida típica polaca enlatada, pues estamos ante un negocio global. Porque seguro que hay más empresas como la tuya y seguro que en Londres y Chicago donde hay una colonia polaca inmensa hay varias competidores puede incluso (no lo sé) que algún polaco de Chicago haya montado su propia cocina de productos polacos enlatados para venderlo al mejor postor entre sus paisanos exiliados.

Finalmente, y en una pizarra diferente, los llamados factores externos que afectan al sector. A saber:

Los **avances tecnológicos**, importantes en empresas pioneras, pues no saben si su producto tendrá aceptación o no, recuerden los difícil que es acertar con una start-up y que los venture capital tiene un ratio de fracaso superior al 80%

Las **Montoradas**: Regulaciones, leyes, impuestos, mamandurrias para amiguetes. Todo ello fuera de nuestro control pero que afectan al valor de nuestra empresa

El **planeta se mueve**. La sociedad es cambiante, cambian las modas y si no estás atento a la hora de renovarse, mueres.

La **evolución demográfica de tu mercado**. El tabaco que tiene una tasa natural de mortalidad entre su clientela sabe de lo que hablo.

La política internacional, ejemplo de libro, el precio de la gasolina, a pesar de que la mayoría de las empresas no se dedican a comprar o vender gasolina ninguna puede negar la importancia que tiene para ellos que unos señores árabes se junten y decidan recortar la extracción de petróleo.

Con todo esto, ya puede montarse su propias tablas de Excel o sus pizarritas si son más tradicionales y hacer análisis sectoriales que le ayudarán sin duda en su búsqueda del valor en sus inversiones.

ANÁLISIS DE INVENTARIOS

A pesar de que la sociedad del conocimiento ha provocado que este tema pierda relevancia en empresas de nuevo cuño. Una sociedad dedicada al diseño de aplicaciones para tabletas tiene poco sentido que pierda su tiempo auditando su inventario.

Por otra parte, las empresas industriales tienen una gran importancia en el mercado bursátil, empresas muy grandes que necesitan de financiación y por ello acuden a la bolsa y estos si han de velar mucho por tener una buena política de inventarios, porque de ello depende entre otros el coste de ventas, que luego quedará reflejado en su cuenta de resultados, diciendo cuál es su margen bruto y su resultado neto.

El **flujo de inventario** es simplemente inventario inicial más las compras menos el inventario que nos queda al final. De ahí se saca el coste de ventas. Para simplificar nos olvidamos del procesamiento dado a la materia prima comprada. Entra por un euro y sale valiendo cien euros.

Hay tres métodos fundamentales para inventariar la mercancía. LIFO, FIFO y Coste Medio. FIFO, el más común, First-In-First-Out, saca del inventario lo que más tiempo lleva en él. LIFO, Last-In-First-out, lo primero en salir del almacén es lo último en llegar a él. El de coste medio, es que se calcula el coste medio ,como su nombre indica, de todo lo que hay en el almacén. Sin mayor interés.

Antes de continuar, hay que aclarar que en el análisis de inventario, siempre se considera que hay subida de precios y que el inventario está creciendo.

Lo segundo porque suponemos que la empresa está creciendo y se supone pues que la necesidad de materiales aumenta.

Lo primero, lo de la subida de precios, porque el "mainstream" que controla política y bancos centrales ha decidido que: La inflación es buena, diluye la abultada deuda de nuestros gobiernos y **supone un impuesto invisible para los pobres**, y a los gobiernos les encantan los impuestos. Así pues, como la deflación es mala y nunca una bajada de precios ha traído nada bueno a la sociedad salvo coches, móviles y ordenadores asequibles para todos.

Ahora a por los dos restantes. El más común es el FIFO, que al vender las mercaderías más antiguas y dejar las más recientes en el inventario tiene como consecuencias que el coste de ventas de la compañía analizada es menor, y por lo tanto la cuenta de pérdidas y ganancias mostrará un mayor margen bruto y también un resultado neto mayor. Una forma de asegurarte ante inversores que mostrarás unos buenos resultados, es usar FIFO como medida de valoración de inventarios. De la misma manera, con este sistema el dato de inventarios al final del periodo será mayor y en consecuencia algunos ratios como el current ratio de liquidez será más alto al ser el inventario un activo corriente o el ratio de rotación de inventarios más bajo. El apalancamiento operativo será más bajo, al ser el inventario mayor, la cifra de activo de la empresa será más grande, pero las ventas son las mismas. Otros ratio como por ejemplo la deuda respecto al capital será menor, pues con FIFO nuestros ingresos son mayores y por lo tanto los ingresos retenidos como capital también serán mayores, mostrando por ello un menor ratio de endeudamiento.

LIFO tiene el efecto contrario en todos los aspectos. ¿Qué importancia tiene esto? Que al incrementar el coste de ventas, reduce el valor del resultado neto es decir, reparte menos ganancias y por lo tanto implica pagar menos impuestos. Por ello, las empresas que sigan las directrices contables del IFRS, que son todas las europeas, tienen prohibido el uso del LIFO y en USA las que utilicen LIFO tienen que incluir en sus cuentas una cosa llamada "Reserva LIFO" que dice cual es la diferencia en el valor balance de la empresa entre el uso del LIFO y el FIFO. Una cosa es faltar a las buenas costumbres y otra es no pagar impuestos. Da igual que el LIFO refleje mejor los costes recientes en la cuenta de resultados. Lo importante es utilizar el sistema que más impuestos garantice.

Una reducción en la Reserva LIFO se conoce como "Liquidación LIFO" y representa que la empresa está vendiendo más de lo que puede reponer y se utiliza para ver la evolución de la empresa ya sea porque no esté produciendo por falta de demanda nueva que justifique poner en marcha las líneas o porque el aumento de demanda no les permita dar abasto. Y con esto y un bizcocho ya sabemos analizar inventarios.

	LIFO	FIFO
COSTE VENTAS	+	
IMPUESTOS		+
RESULTADO NETO		+
INVENTARIO FINAL		+
FLUJO DE CAJA	+	
MARGEN NETO		+
CURRENT RATIO		+
ROTACIÓN DE INVENTARIO	+	
D/E	+	

FREE CASH FLOW

No podía escribir este manual, aunque esté orientado a gente que quiere dar sus primeros pasos, sin dedicarle una pequeña parte a explicar que es el Free Cash Flow, (Flujo Libre de Caja). Ya traté brevemente esto en otro artículo, pero considero interesante dedicarle uno en exclusivo para intentar explicar que es y como se calcula. Cosa la cual es bastante difícil, puesto que hay varias definiciones diferentes y es fácil confundirse al respecto.

El Free Cash Flow es el flujo de caja que queda para la empresa después de hacer frente a los gastos operativos de caja. También se le llama FCFF (Free Cash Flow to the Firm) Flujo de Caja Libre para la Empresa.

El **FCFF** se define como la pasta disponible para todos los inversores, incluyendo accionistas, preferentistas (dueños de acciones preferentes) y bonistas, después de que la empresa haya comprado y vendido sus productos, provisto servicios, pagado sus gastos operativos y sus inversiones de corto y largo plazo.

Cuando hemos llegado a esto, arrancamos de la definición el pago a los bonistas de la empresa, (es decir aquellos a los que se les debe deuda financiera) y sumamos el dinero que haya levantado la empresa emitiendo nueva deuda financiera para llegar a la tercera y última definición. **FCFE**, Free Cash Flow to the Equity. El Flujo Libre de Caja para los accionistas. **La pasta que queda disponible para los accionistas**. Es lo que permite a la compañía buscar nuevas oportunidades de negocio, retribuir y crear valor para el accionista.

La razón de su importancia es que mientras algunos miran obsesivamente a los ingresos, otros creen que eso es un error, porque la cifra de beneficios puede ser manipulada.

Manipular los flujos de caja es más complicado, por esto, muchos creen que el Flujo Libre de Caja da una imagen más clara de la capacidad de generar beneficios a largo plazo. A fin de cuentas **una empresa tiene que generar caja libre para subsistir en el largo plazo**.

De todas maneras, es importante entender que un flujo de caja negativo no es malo per se. Puede significar simplemente que la empresa esté llevando a cabo largas inversiones de capital.

El marco teórico del Flujo Libre de Caja es similar al del modelo de descuento de dividendos. La diferencia, como dije antes, es que el FCF no es tan fácil de manipular.

¿Cuándo se debe usar el modelo de FCF en lugar del modelo de descuento de dividendos?

En primer lugar, obviamente, si hablamos de una compañía que no paga dividendos.

En segundo lugar, si a pesar de que la empresa sí paga dividendos, estos no reflejan la rentabilidad de la empresa a largo plazo. Por ejemplo, si hablamos de una empresa que sube su dividendo un uno por ciento todos los años llueva, nieva o hago sol, pero es una empresa en un sector muy cíclico, entonces deberíamos usar el FCF.

En tercer lugar, tenemos ante nosotros una empresa que puede ser objetivo de una adquisición, es conveniente utilizar el FCF. Puesto que este modelo toma una perspectiva de control de la empresa, precisamente por los descuentos que se hacen para llegar a su valor.

FORMULARIO

FCFE= FCFF – (INTERESES*(1-TIPO IMPOSITIVO) + CAMBIO EN DEUDA NETA.

FCFF= RESULTADO NETO + DEPRECIACIÓN + (INTERESES*(1-TIPO IMPOSITIVO) – INVERSIÓN EN CAPITAL FIJO – INVERSIÓN EN CAPITAL CIRCULANTE.

FCFF= EBIT*(1-TIPO IMPOSITIVO) + DEPRECIACIÓN – INVERSIÓN EN CAPITAL FIJO – INVERSIÓN EN CAPITAL CIRCULANTE.

FCFF= EBITDA*(1-TIPO IMPOSITIVO) + DEPRECIACIÓN*TIPO IMPOSITIVO – INVERSIÓN EN CAPITAL FIJO – INVERSIÓN EN CAPITAL CIRCULANTE.

FCFF= FLUJO DE CAJA DE OPERACIONES + INTERESES*(1-TIPO IMPOSITIVO) – INVERSIÓN EN CAPITAL FIJO.

El **valor de la empresa** puede calcularse como:

FCFF*(1 + TASA DE CRECIMIENTO DE LA EMPRESA) DIVIDIDO ENTRE (COSTE MEDIO DE CAPITAL – TASA DE CRECIMIENTO DE LA EMPRESA.

El **valor de las acciones**:

FCFE* (1 + TASA DE CRECIMIENTO DE LA EMPRESA) DIVIDIDO ENTRE (TASA DE RETORNO REQUERIDA POR LA EMPRESA MENOS TASA DE CRECIMIENTO DE LA EMPRESA)

VALOR DE LAS ACCIONES = VALOR DE LA EMPRESA MENOS VALOR DE MERCADO DE LA DEUDA.

¡Es imperativo usar el tipo correcto de descuento con la formula correcta!

CURSO BÁSICO DE MANIPULACIÓN DE CUENTAS

Vamos a aprender a manipular las cuentas de una empresa.

Ahora que he captado su atención debo indicar que nada de lo que voy a explicar aquí es ilegal, de hecho ni siquiera es inmoral. Es simplemente maquillaje.

Podríamos alegar que el maquillaje nos impide ver la realidad, como ese señor, que pidió el divorcio de su esposa pasada por quirófano por darle hijos feos. Al final, ya se sabe, aunque la mona se vista de seda, mona se queda. Pero de la misma manera que hay que ser muy tonto para casarse con una mujer sin verla antes sin maquillaje, hay que ser muy tonto para no desmaquillar la empresa en la que uno quiere invertir.

Hay cuatro formas de maquillaje contables (legales)

Primer punto. La forma y manera de reconocer en los libros los ingresos de la empresa.

La forma y manera de reconocer en los libros la pasta que sale.

Limpieza de armario. Es decir, sacar del balance cosas que no quieres dejar allí porque dan mala imagen (estropean los ratios de rentabilidad, solvencia).

Maquillar los flujos de caja.

Primero de los cuatro puntos. El ingreso de una empresa, se debe reconocer en los libros contables cuando el bien o el servicio por el cual se ha ganado el dinero haya sido entregado o realizado y el vendedor ya no tenga ninguna obligación de proveer ningún servicio o bien alguno.

Ocurre que muchos para mejorar los ratios de rentabilidad de la empresa se rinden a la tentación de reconocer como ingreso por ventas cuentas pendientes no cobradas ó servicios que aunque están acordado proveer en un futuro cercano todavía no se han realizado y dar por sentado su cobro. Por ello, han de chequear en los libros y fijarse si hay grandes cambios en las cuentas pendientes de cobro, comparar ingresos con el flujo de caja de operaciones que realmente ha entrado y fijarse que no haya un incremento sospechoso en el DSO, (Days Sales Outstanding).

Segundo punto del día. Dinero gastado verdaderamente.

Hay gente que es muy derrochona y no quiere reconocerlo y algunas empresas lo mismo. Lo más conocido por el gran público es manipular la política de depreciación de la empresa. La depreciación figura como un gasto en la cuenta de resultados, si la empresa va mal frena la depreciación de su activo, eso aumenta el beneficio neto, si por el contrario paga muchos impuestos, se procede a hacer lo contrario y de esta manera se pagan menos impuestos porque el resultado operativo ha bajado como por arte de magia. Ergo, hay que revisar el valor de los activos fijos y del inventario de la empresa en busca de cambios bruscos en la evolución de los mismos. Los grandes cambios son sospechosos.

Otras mentiras que pueden contarnos es cuando capitalizan un coste en vez de reconocerlo como gasto o reconocer como gastos extraordinarios (no recurrentes) gastos normales de la empresas, echar un vistazo al DOH (Days on Hand), al valor del LIFO de reserva si hablamos de una empresa americana que usa el LIFO.

En lo que respecta al balance, este tal vez, es el más difícil de identificar. Algunas empresas pueden tener los llamados "instrumentos off-balance" bastante complicados, que ocultan cartera de clientes dudosos, de viviendas invendibles y cosas así. Aún así hay dos cosas muy importantes dignas de repaso.

El valor del fondo de comercio, esto es, el valor del activo intangible de la empresa. Por ejemplo, Amazon, como marca vale mucho más que su activo, si compramos Amazon, eso se debe reconocer de alguna manera en nuestro balance. El problema es que el fondo de comercio debe actualizarse para reflejar el valor real de las inversiones. He ahí hay un coladero si se mantiene un valor en libro artificialmente alto.

Lo otro que hay que hacer es ajustar el balance y capitalizar los contratos de leasing operativos que tengan las empresas.

Por último pero no por ello menos importante, el maquillaje en el estado de flujos de caja. Hay que comparar la evolución de las ventas con la evolución de los activos de la empresa. Si las ventas crecen mucho más en relación al activo, ¡ojo!, los números pueden que nos estén contando algo importante ahí.

Por último, hay que estar alerta sobre todo a fin de año (por eso de dejar bonitas las cuentas por navidad) con los descensos exagerados en las cuentas especiales, en las tarjetas de la empresas y demás gastos discrecionales.

Y con eso, ya ha superado su primera lección del curso de maquillaje.

Nota bene: Cash Collection: ingresos – aumentos en cuantas pendientes de cobro + aumentos en ingresos no generados.

¿QUÉ SON LOS WARRANTS Y QUÉ DEBE USTED CONOCER PARA USARLOS COMO HERRAMIENTA DE INVERSIÓN?

Los warrants son opciones financieras. A pesar de que hay quien culpa de todo a los mercados y dice que han creado productos extraños para mayor gloria de los plutócratas, a los que representan en una suerte de señor Burns, lo cierto es que los warrants llevan más de 200 años operando.

Empezaron a cotizar sobre acciones de la bolsa de Nueva York y en el año 1973 cuando se creó en Chicago el CBOE, el primer mercado organizado de opciones, los warrants se amoldaron a los tiempos actuales.

Las características principales de los warrants son: **el vencimiento, la liquidación garantizada, la fácil negociación, el emisor y el diferencial existente entre compra y venta.**

Los warrants otorgan a su poseedor el derecho a comprar o a vender un número determinado de títulos sobe un activo determinado, al que llamamos subyacente, a un precio establecido de antemano y hasta una fecha fijada de antemano. Es decir, el warrant actúa como un contrato a plazo.

Hay dos tipos: Call y Put. Si tiene una call, es porque tiene una visión alcista del mercado, cree que va a subir y nos anticipamos comprando un warrant call. Si se tiene una visión contraria, se compra una put y así tendremos el derecho a vender en el futuro a un valor superior al que habrá en el mercado (suponiendo que acertemos con nuestro pronóstico).

Por esto se paga una prima. Suponga que quiera comprar acciones de Vodafone a veinte euros, dentro de un año, y la prima es un euro. Paga un euro por tener el derecho a comprar acciones de Vodafone a veinte euros dentro de un año, si cumplido el plazo la acción vale treinta y cinco euros, habrá ganado quince euros por acción.

El llamado activo subyacente sobre el que se emite el Warrant puede ser una acción, cestas de acciones, sobre un sector en concreto en el que queremos invertir, por ejemplo petroleras, índices bursátiles, queremos invertir en la evolución del IBEX 35 en 2014. Los tipos de interés, subidas y bajadas del Euribor. Divisas, tenemos motivos para creer que el yen japonés se depreciará y hay que sacar tajada se ello. También materias primas o índices de materias primas. Conocemos bien el mercado del trigo y decidimos invertir a que el trigo sube.

Los warrants a diferencia de las opciones, son títulos mobiliarios cotizados.

Eso traducido al cristiano significa que no se puede estar corto. Los warrants están representado por un título que confía a su poseedor un derecho sobre un activo determinado. No puede vender un warrant que no haya sido adquirido previamente, lo cual lo hace más sencillo de entrada para inversores noveles.

Aparte de la posibilidad de pasar del alza a la baja y de la reducido del precio de los warrants otra de sus ventajas, derivado de lo anterior es el apalancamiento.

Supongamos que se es alcista respecto a BMW, que estará el año que viene por estas fechas en ciento cuarenta euros. La estrategia pasa por comprar warrants, que valen dos euros. Compra por un total de veinte euros diez warrants call europeos (que sólo pueden ser ejercidos a vencimiento, a diferencia de un warrant americano que pueden ejercerse en cualquier momento) con un valor de vencimiento de noventa euros.

Un año más tarde, BMW cotiza a ciento cuarenta euros. Si lo hubiera comprado a contado. Ciento cuarenta menos noventa, es un cincuenta y cinco por ciento de beneficio. No está mal, pero si lo hubiera comprado con un warrant, ciento cuarenta menos noventa menos dos que nos costo el warrant dividido entre dos, es un dos mil cuatrocientos por ciento de beneficio. Mejor.

Por último, hay que entender que es la paridad del warrant. Es el número de warrants que hay que comprar para tener derecho a un activo. Si por ejemplo es 5/1 significa que cinco warrants nos da derecho a una acción. Esto tiene una importancia menor a nivel operativo, en tanto y cuanto la gente no suele comprar un warrant sino diez mil o quince mil.

Se tiene que estudiar más si quiere conocer perfectamente el mundo de los warrants, conocer al dedillo otros conceptos como valor intrínseco, valor temporal, volatilidad, el efecto de los dividendos o de los tipos de interés, las "griegas".

Pero por el momento, como primera lección para tener una idea de lo que hablan los parroquianos del bar de la esquina, ha dado Vd. un gran paso. ¿Quiere profundizar más?

EJEMPLO WARRANT

Un inversor posee un Warrant Call del IBEX 35 con un precio de ejercicio de 10000 puntos y paridad 1000/1. Llegada la fecha de vencimiento del mismo el IBEX se situa en 12000 puntos. ¿Qué importe recibirá el inversor?

Importe liquidado = Precio de indice - precio de ejercicio / paridad.

En nuestro ejemplo. 12.000 -10.000 / (1000/1) = 2000/1000 = 2 €

CLAVES SENCILLITAS PARA ELEGIR UN PLAN DE PENSIONES.

Estaba pensando si debiera empezar con otra pregunta ¿es necesario buscarse un plan de pensiones privado si ya contamos con la maravillosa seguridad social, que es la mejor del mundo?

Sí, rotundo. El sistema de pensiones corre peligro. Zapatero lo hizo mal, Rajoy lo está haciendo mal y el que venga detrás seguramente lo hará mal. Ya lo adelantó el *menestro* Solbes "Quien pueda que se busque un plan privado porque la seguridad social está quebrada" ¿No fueron más o menos esas sus palabras?

Alegará alguno que ha pasado ya tiempo desde aquello y nada ha pasado. "Nada".

Hay otra forma de verlo cuando se entiende la dinámica económica y los fundamentos del libre mercado. La seguridad social es un sistema Ponzi, y como tal está condenado a quebrar. Como diría Arnold Schwarzenegger en Terminator 3 sobre el juicio final. Es inevitable, sólo puede retrasarse.

Mientras se buscan sistemas de acomodo, cobrar IRPF a los pensionistas, súbalo un 0,25%, un 0,15% un 0,05% haga mil y un estudio inútiles sobre pirámides poblacionales, a ver si leyéndola muchas veces descubrimos una fórmula secreta que haga un sistema de pensiones de reparto en algo sostenible en el tiempo.

Tras la perorata. Los planes de pensiones son unos instrumentos financieros de ahorro a largo plazo, como una hucha en el que se va metiendo monedas, ese dinero se capitaliza y nos da un dinerillo extra para la jubilación.

Se clasifican según el peso que tenga la cartera de renta fija, porque los planes de pensiones "tienen que" invertir en renta fija. Así pues tenemos:

Renta Fija a corto plazo: Todo el dinero invertido en renta fija y los activos tienen una duración inferior a dos años.

Renta Fija a largo plazo: Igual que el anterior pero los activos tienen mayor duración.

Renta Fija Mixta: Hasta un 30% del dinero puede invertirse en acciones.

Renta Variable Mixta: Este me gusta más, se invierte en acciones hasta un 75% en renta variable.

Renta Variable: Más de un 75% del dinero depositado se invierte en renta variable.

Garantizados: Son aquellos, que te aseguran un nivel determinado de rentabilidad. Los activos se invierten en renta fija y el gestor contrata un seguro para cubrirse de posibles pérdidas.

Podría decir cuál es el mejor plan fondo de pensiones de España, que es el que le he recomendado a mi hermana, pero como no me pagan por hacer publicidad, les dejo el placer de averiguarlo por si mismos.

La elección de un plan u otro depende en gran medida del riesgo que el cliente quiera asumir, de acuerdo a los estándares tradicionales, cuánto más prudente sea más le convendrá invertir en renta fija. Chorradas.

Aún a riesgo de que me caigan chuzos de punta por decir esto, pero si la idea última de los productos financieros es hacer dinero y hoy día un señor de 65 años tiene otros veinte años por delante, ¿por qué no seguir ganando dinero?

El problema fundamental es que se venda la renta fija como lo más seguro que hay, que se lo digan a Islandia, a las trece veces que ha quebrado España en su historia o la impresión sin tino de billetes sin respaldo real causando inflación para pagar la renta fija y haciendo perder valor a los tenedores de bonos.

La renta variables es la que de verdad gana dinero a largo plazo por encima del aumento del coste de vida y le permitirá tener una jubilación holgada.

La decisión final de cuanto poner en renta fija, dependerá pues de las circunstancias personales de cada uno, de cuanto quiere ganar al final y por qué, si quieres pasar sus últimos años en

Miami o en un pueblo de Soria, pues sus necesidades serán diferentes, si tiene tres hijos y quieres ayudarlos, o no quiere ayudarlos o no tiene hijos.

Realice aportaciones periódicas al fondo, estás dependerán pues de lo anterior y de si se jubilará en diez años o treinta y cinco, y también de ese horizonte temporal particular suyo influirá en que la renta fija sea un diez, un quince o un cuarenta por ciento. La doctrina oficial dice que a medida que se acerque a la edad de jubilación vaya cambiando de fondos con más peso de la renta variable a la renta fija, si lo hace así, échele un ojo a los bonificaciones de traspaso.

Tenga en cuenta al "socio" oculto, a Hacienda. Las rentas percibidas en el momento de pasarse al retiro se verá obligado a cotizarlo como "rentas del trabajo", lo cual es contradictio in terminis, no es un dinero ganado como fruto del trabajo puesto que es un dinero que ha sido capitalizado y encima es…para la jubilación, y se le llama "rentas del trabajo".

Siguiente paso, **estudie a su entidad**. Pasado, directivos, quienes manejan los fondos, googleen sus nombres busquen en portales financieros y vean sus rendimientos hasta la fecha.

Compare los costes. Las comisiones de depósito y gestión de los distintos fondos y gestoras puede haber una gran diferencia entre uno y otros.

Hace años recabar toda esta información podría suponer semanas, hoy en una tarde podrá encontrar todas la información que necesita así que no se quede ahí sentado y empiece a buscar cuál es el plan que se ajusta mejor a sus necesidades.

LAS CINCO FUERZAS DE PORTER

Cuando escribí sobre los fundamentos del análisis industrial mencioné de pasada que existía un marco de estudio sobre la situación de una empresa o industria respecto al resto de sus pares y de sus capacidad para fijar precios y apoderarse de la cadena de valor y que merecía ser estudiado aparte. Bien, el día que tanto ansiaba ha llegado. Voy a hablar por fin de las cinco fuerzas de Porter.

Porter, un economista americano que se dedicó a estudiar el comportamiento de las empresas y a buscar como evaluar la fuerza, el poder de una empresa en el mercado, acabó definiendo un marco teórico.

Sus cinco fuerzas, que combinadas sirve para medir el poder de influencia de una empresa en su entorno.

Sin más demora empiezo a explicar que significa cada una y dar unos ejemplos prácticos de cómo funcionan en el mundo real.

1º. **La amenaza de entrada de nuevos competidores**. La posibilidad de que llamados por el calor de los beneficios nuevos competidores entren a comer del pastel depende de varios factores llamados genéricamente barreras de entrada. Cuanto más grandes sean esas barreras, menos tendrá de lo que preocuparse la empresa y mayor será su poder de fijación de precios. ¿De qué clase de barreras hablamos? **Economías de escala** por ejemplo. Fabricar manteles puede no ser rentables si no vende un millón de ellos. Diferenciación de productos o coste de cambio de un producto a otro pueden ser barreras, Xerox vende fotocopiadoras junto a un contrato de mantenimiento del que es difícil deshacerse y hacer que sus clientes estén amarrados a Xerox.

Relacionado con los anterior también cito las necesidades de capital. Si hablamos por ejemplo de alguien que ha diseñado un nuevo tipo de neumáticos, igual necesita una inversión de 50 millones de euros, millones que no tiene. Y por último y por supuesto, las licencias públicas, ¿Cuántas actividades requieren de un permiso público otorgado por un concejal, un burócrata o alguna entidad semiprivada con privilegios? Abrir un bar, los operadores virtuales de móviles o incluso ser taxista.

2º. **La amenaza de sustitutos cercanos**. ¿Hay productos alternativos al nuestro? Si hablamos de bolígrafos. Sí, muchos, la amenaza es grande, hay poco espacio para fijar precios. Si por el contrario lo que tenemos es una compañía con un algoritmo que conecta y compara de forma automática precios de productos electrónicos por toda la red, en primer lugar debo pedirle que me llame que tenemos mucho de lo que hablar, y en segundo lugar es poco probable que tenga usted ahora muchos competidores. Lo más importante a analizar en este punto es el coste de cambiar para un cliente. En el segundo ejemplo es muy claro, porque no hay nadie más que haga algo similar, en el primero es cero. Estoy escribiendo ahora mismo con un Boli del que desconozco la marca y cuando este se acabe usaré otro cuya marca también desconoceré.

3º. **El poder negociador de los compradores**. Muy relacionado con los anteriores. ¿Si vendemos a un mayorista este puede imponernos sus precios? Te compro a 50 céntimos la unidad o no hay trato porque nadie te va a echar en falta. Hay que estudiar es la sensibilidad del precio en la industria. Obviamente no se espera de un pequeño inversor que haga todas esas averiguaciones, no es algo fácil ni agradable que se haga en diez minutos, ni en diez horas. Pueden encontrarse en Internet buenos estudios al respecto, si está dispuesto a leer en inglés.

Lo que si puede analizar es la parte cualitativa, como la identificación con la marca, la diferenciación del producto (Coca cola vs cola marca blanca)

4º. **El poder negociador de los proveedores**. Siguiendo con el ejemplo de los bolígrafos. Hay muchas marcas de bolígrafos, pero ¿y sí sólo hubiere dos proveedores de tinta? Estarían fastidiados, porque ellos, los proveedores de tinta tendrían la sartén por el mango en la cadena de valor a la hora de fijar los precios.

Una solución probable sería que los productores de tinta compraran a los fabricantes de bolígrafos en una estrategia para integrar todas las fases del producto en el mismo sitio y acabar dominando la industria, riéndose de forma malvada al final del cuento.

5º. **La rivalidad entre los competidores**. Todos los mercados son un poco oligopolísticos, pero hay mercados en crecimiento dónde se compite de una manera y sectores ya maduros que compiten de otra y sectores muy grandes y regulados dónde no se compite porque se acuerda con el gobierno los precios a cada momento.

Cuanto mayor sea el apalancamiento más se tenderá a competir en precio, el tiempo que dure el producto (si es perecedero o no) vender fruta a un precio y bajarla a la mitad a los dos días para evitar que se te estropee en la tienda. Las diferentes barreras de entrada y salida, son algunas de las variables que mueven el nivel de competencia de un sector.

Y con esto, ya es suficiente por ahora, en el próximo capítulo pasaremos al análisis DAFO.

ANÁLISIS DAFO

Tras el estudio de las fuerzas de Porter, el siguiente paso es comprender el entorno en el que se mueve una empresa o un sector en particular y para ello hay que adquirir unas nociones de pensamiento estratégico. Concretamente saber que es un análisis DAFO.

DAFO ó SWOT por sus siglas en inglés significa Debilidades, Amenazas, Fortalezas y Oportunidades.

Se representa como un cuadro con cuatro subsectores en los que se resume dentro de cada subsector con una palabra o una sentencia corta la idea fundamental. Luego en el texto se profundiza en cada una de esas ideas. Digo lo del texto, porque el análisis DAFO es específico y fundamental de cada empresa, por ello hay que presentarlo en todos los planes de negocio. Un buen análisis demuestra un conocimiento excepcional de la empresa, de la industria y del entorno.

Pasemos pues a estudiar con detenimiento como hacer y para que sirve esta herramienta del pensamiento estratégico.

La idea es estudiar la empresa desde dos vertientes. Interna y externa.

La externa es la que señalan las amenazas y las oportunidades dadas en el sector en el que se mueve la empresa a analizar. Si la empresa es lo suficientemente dinámica sabrá identificar de antemano afrontando sin miedo a los competidores y sus ventajas competitivas (amenazas) y sabiendo aprovechar sus propias ventajas (oportunidades)

En la vertiente interna de la empresa, se estudian las fortalezas y las debilidades de la empresa respecto a su entorno. Aquí es dónde hay que estudiar los recursos y capacidades de la empresa, como producción, flujos de caja, vías de marketing, financiación, organigrama interno de la empresa.

Debilidades. Aquello que reduce la capacidad de actuación de la empresa. Ejemplo, una deuda muy elevada que dificulta afrontar nuevos retos que requieren un gran desembolso de capital. No tener definida una línea de distribución es por ejemplo una debilidad muy común en las start ups.

Amenazas. Toda fuerza externa que impida que nuestro producto salga adelante. Que un chico desde un cuarto en Corea del Sur, desarrolle un software más rápido, efectivo barato y bonito que el nuestro.

Fortalezas. Los puntos fuertes. Aquello que puede ser útil a la empresa. Acerinox tenía una capacidad de planta que le permitía triplicar la producción sin desembolsar un duro. Aquí se describen las ventajas competitivas.

Oportunidades. Se refiere a futuras ventajas competitivas. Una empresa española que quiera vender material de bricolaje de precisión en Sudamérica, el conocimiento del idioma puede suponer una ventaja una oportunidad de ganar más dinero de la que es más difícil que se aproveche una empresa con base en la República Checa.

Hay una serie de preguntas necesarias para hacer el análisis correctamente y que sirva de algo el esfuerzo. ¿Qué se puede mejorar?, ¿Qué puede impedir el éxito del proyecto en el que está involucrado la empresa? (área de debilidades) ¿Cuáles son las ventajas competitivas de la empresa?, dicho de otra manera, ¿Qué hacemos mejor que cualquier otro? ¿A qué recursos podemos acceder? (área de fortalezas) ¿Cuáles son las tendencias del mercado y cómo podemos aprovecharnos de ellos?, ¿Cuáles son los desafíos tecnológicos a los que se enfrenta la industria? (área de oportunidades) ¿A qué obstáculos hay que enfrentarse? ¿Quiénes son mis competidores? ¿Qué están haciendo mis competidores mejor que yo? ¿Tendrá la empresa capital suficiente para afrontar nuevos proyectos? (amenazas).

Hay que obtener el menor número de amenazas y debilidades y el mayor número posible de oportunidades y fortalezas.

En cierta manera, esto es igual que cuando en una entrevista preguntan, dígame por favor cuáles son sus puntos débiles. No puede contestar que no se tiene puntos débiles, que no se tienen cualidades negativas, porque no es realista.

Tampoco puede uno pegarse un tiro en un pie y reconocer ante el entrevistador que se es una mala persona. La idea es darle la vuelta a la tortilla para encontrar en las amenazas y las debilidades de la empresa algo bueno, algo que pueda ser utilizado por la compañía a su favor. ¿Somos pequeños? También somos móviles, y si queremos irnos a Suiza y pagar menos impuestos lo hacemos. Una empresa muy grande está utilizando una tecnología innovadora parecida a la nuestra, quizá podamos apoyarnos en su gasto de marketing para darnos a conocer como competidor low cost.

Así se pueden contar miles de ejemplos más, tantos como empresas existen en el mercado.

Dificultades. A veces no es fácil describir algo en un único epígrafe, no existe un sistema estándar para encontrar todos los hechos fácticos relativos a una empresa.

Pero en estas dificultades está el gusto de la vida, porque si la vida fuera fácil y no hubiera necesidad de pensar y desarrollar estrategias ¿Dónde estaría la gracia de todo este asunto que es buscar lugares dónde invertir?

RECUADRO ANÁLISIS DAFO

DEBILIDADES:	AMENAZAS:
• DEUDAS • LÍNEAS DE DISTRIBUCIÓN • TAMAÑO EMPRESA. PYME	• COMPETIDORES • LEGISLACIÓN
FORTALEZAS:	OPORTUNIDADES:
• BARRERAS DE ENTRADA • VALOR AÑADIDO • TAMAÑO EMPRESA. GRANDE	• FACILIDAD PARA LLEGAR A NUEVOS MERCADOS • TENDENCIAS

¿QUÉ ES UN HEDGE FUND?

A aquellos que le echan la culpa de todos los males a los mercados, les divierte inventarse monstruos de siete cabezas devoradores de niños a los que luego acusar de instrumentos de los malditos mercados neoliberales, aquellos que violan a nuestros trabajos y roban a nuestras mujeres o al revés para dirigir el cotarro mundial desde el club Bilderberg y una logia masónica de niños pijos de familia bien sin media hostia en la Universidad de Yale.

Bien, uno de los come niños favoritos de los antimercados del mundo son los hedge funds. Cuando se les pregunta ¿qué es un hedge fund? callan y así otorgan porque la verdad es que no tienen ni idea.

Por partes, "to hedge" se traduce como "cubrir" del inglés. He ahí la definición más corta posible, un Hedge fund es un fondo cubierto. Eso en español, nos dice más bien poco.

Sigamos, un hedge fund es un fondo de inversión NO APTO PARA PEQUEÑOS INVERSORES que invierte normalmente cantidades muy grandes en una variedad muy amplia de activos y siguiendo estrategias de lo más variadas y variopintas. Estrategia y estrategias son los puntos fundamentales de un hedge fund.

Estos fondos para evitar caer en riesgos excesivos porque sus estrategias son muy arriesgadas (repito por ello lo de que no es apto para cardíacos) se cubren invirtiendo en dos direcciones opuestas, ya sea por compra directa de activos, mediante operaciones con derivados financieros o poniéndose corto en un activo del que se sospecha puede perder valor. Traduciendo al castizo podríamos decir que un hedge fund hace una cosa y su contraria. Los hedge funds tienen una mayor libertad que los demás fondos, así que pueden elegir una mayor variedad de activos y jugar más con los niveles de apalancamiento. A pesar de la propaganda, los niveles de apalancamiento no son para nada disparatados, en torno a tres. Cualquier banco opera con niveles de apalancamiento mucho mayores.

La diferencia se marca más en el uso de derivados tanto como instrumentos de cobertura como de inversión, según el día, el tipo de fondo y la estrategia del mismo, el uso común de "Lockup", periodos durante los cuales no se puede rescatar el dinero invertido en el fondo, convirtiéndose en instrumentos ilíquidos (repito no apto para gallinas) las cantidades mínimas de inversión son mucho mayores que en los fondos de inversión más habituales.

Gestionar un hedge fund es tremendamente difícil, sus gestores están sometidos a una gran presión porque de la misma manera que los inversores de un hedge fund asumen grandes riesgos exigen grandes retornos. Prueba de esto es que el veinticinco por ciento de los hedge funds cambian de gestor cada año.

Como ya he dicho hay multitud de estrategias diferentes, entre las más comunes podemos encontrar los fondos de arbitraje. Estos buscan encontrar un "mispricing" encontrar diferencias entre el precio teórico y el precio de mercado, se ponen cortos en una moneda y largo en la misma moneda en otro par, jugando con los precios forwards (a plazo) y spot (de mercado) de los tipos de interés, divisas, índices, etc. Arbitrajes de bonos convertibles. Un bono convertible es una emisión de deuda de una empresa con la opción incluida que le permite permutarse en acciones de la misma en esta estrategia los fondos compran los bonos convertibles y se ponen cortos de las acciones de la empresa que ha emitido el bono. "Event Driven", esperan a un acontecimiento, por ejemplo unas declaraciones de la FED y se tienen preparadas órdenes en ambos sentidos para atacar las posiciones abiertas en el mercado en cuanto sepan que ha dicho Yellen. Arbitraje de renta fija, el fondo se pone largo de bonos con un buen rating y corto de bonos con un rating bajo.

Los fondos global macro, invierten en índices, monedas, commodities y otros activos en base a unas expectativas de unos indicadores macroeconómicos y la evolución de esos activos.

Los fondos de mercados emergentes, invierten en distintos instrumentos de países emergentes.

Después tenemos el multiestrategia, el fondo que pica con su caña en todos los mares a ver por dónde puede picar algo.

Me dejo muchos en el tintero, pero es imposible abarcarlos aquí todos. A pesar de sus dificultades y su mala prensa, cumplen una función fundamental al poner en marcha proyectos arriesgados encontrando a inversores con capacidad de arriesgar grandes sumas de dinero y con apetito por el riesgo (y el dinero).

Una forma de acceder a los hedge fund, cuando no se es un millonetis, es acceder a fondos que replican la actividad de los hedge fund. Son más baratos, no requieren una gestión activa, no hay portfolio manager, es una réplica y son más líquidas y transparentes, acusación típica contra los hedge funds.

La otra manera para los pequeños inversores, es utilizar un fondo de fondos, que como su nombre indica, es un fondo que invierte a su vez en otros hedge funds en vez de invertir directamente en activos. Su activo es un portfolio de hedge fund con diferentes estrategias, para diversificación. Una de las ventajas de esto, es que los fondos los ha seleccionado un profesional, ahorrándole usted el problema de tener que estudiar, aprender y entender el funcionamiento de extraños derivados de créditos. El mínimo para invertir es más accesible, las tarifas de gestión no son tan elevados como en un hedge funds y el riesgo es menor al no depender de una única estrategia. Estos fondos de fondos tienen capacidad para moverse entre diferentes hedges a medida que los números de unos ú otros mejoren o empeoren, al final la rentabilidad media que se alcanza suele rondar la media de los hedge funds en el mercado.

Espero que sientan que han aprendido algo y que ya no miren debajo de la cama con un palo temiendo encontrarse con el gestor malvado de hedge funds come niños y destroza hogares especuladores de los mercados con el que sueñan en voz alta desde los telediarios.

ELOGÍO DE LOS FONDOS BUITRE

Siguiendo con la serie "mitos del capitalismo malvado" toca hablar de los fondos buitres. Hablo sí, de estas instituciones malvadas producidas por el mercado, que también es malvado, malvado por antonomasia, malvado como solo ellos pueden serlo y que han recibido este nombre desde los medios tan poco agraciado la verdad. ¿Pero qué hacen estos fondos? Ahí es dónde la mayoría de la gente patina con la respuesta porque la mayoría no tiene ni la más remota idea de lo que hacen.

Hablamos de unos fondos de capital riesgo. En español sólo existe un término para definir lo que en inglés tiene dos términos diferentes Venture Capital y Private Equity. Los fondos buitres pertenecen a este segundo tipo, lo que quiere decir que hacen operaciones muy grandes con entidades, instituciones grandes y dentro del sector del Private Equity, pertenecen a los fondos denominados de inversión libre.

En el mundo profesional no se les llama "buitres" que es como muy morboso. Da pie a chistes de humor negro y a crear leyendas negras. Se les llama fondos oportunistas, de "distressed Debt" o de situaciones especiales.

Se dedican a la inversión en deuda pública o privada de instituciones o empresas en una situación delicada. Buscan empresas ú organismos públicos con deudas y problemas de solvencia y/o liquidez, negocian con ellos la compra de la deuda ú otros activos a precios muy por debajo del precio en libros, lo compran al 10%, 20% o en el mejor de los casos, si se enfrentan a un buen negociador y la empresa objetivo tiene a pesar de todo buenas perspectivas puede que lleguen al 30% del valor nominal (también llamado valor facial) del mismo.

Últimamente y debido a la situación de cerrado por derribo que vivimos en España muchos fondos de este tipo se han acercado hasta nuestro país en busca de gangas y ofertas, por eso han salido tanto en la prensa.

Para algunos, como por ejemplo los responsables de nuestro querido y eficiente gobierno han visto en esto una excusa para mandar un mensaje de optimismo, porque la inversión se está acercando a España. Siendo precisos, técnicamente por una vez y sin que sirva de precedente no han mentido. Otros por el contrario consideran la llegada de estos fondos para comprar en nuestro particular rastro nacional casi como una vergüenza, como si el hijo se drogara, estuviera en la cárcel, suspendiera hasta el recreo o Dios no lo quiera, se metiera en política.

Tras pasarse por el mercado y comprar las gangas que encuentren, llega la parte en la que el fondo centra sus esfuerzos en recuperar el dinero invertido, ¿Cómo lo hacen? Reestructurando la deuda, parten los activos en cachitos, buscan vendedores de menos tamaño, examinan uno a uno los activos, ponen en marchan campañas de marketing si es preciso en cosas más concretas (fondos inmobiliarios por ejemplo, de esto hemos visto y veremos bastante en España). En definitiva venden de nuevo lo comprado por un poco más de dinero, aceptando un precio a que sus primeros poseedores no estaban dispuestos a aceptar.

Long story short, que dicen los americanos. Compran barato, despiezan, venden en cachitos más caros. En el proceso de despiece, se reestructura la empresa o la deuda de manera que resulte más atractiva.

¿Por qué son importantes? En primer lugar porque son útiles y son útiles porque proporcionan a aquellos que tienen problemas de solvencia y liquidez, dinero y en ocasiones ahorrarse un montón de problemas (piensen por ejemplo una caja de ahorros que pone a la venta su paquete de coches embargados, ¿van a montar un concesionario? Mejor que se encargue otro). Transmitiendo ese patrimonio a un fondo buitre capaz de hacer algo productivo con ello permite que los vendedores puedan hacer borrón y cuenta nueva.

En segundo lugar, al conseguir la mayoría de sus compras a precios muy por debajo del precio teórico contable (no voy a decir "de el precio de mercado", porque si ese fuera el precio de mercado no hubiera sido necesario que acudieran a un fondo buitre) los fondos pueden reintroducir el producto en el mercado a precios muy competitivos.

Ejemplo. Una empresa que tenía una red de distribución con quinientos camiones, valor contable veinte millones de euros, cuarenta mil euros cada uno. Pero ahora quieren cambiar de modelo de negocio y los camiones ya no le son necesarios, los vende a un fondo buitre por 150.000 € y luego estos lo reintroducen en el mercado a precios por debajo de mercado y sacan 3 millones. Multipliquen estos por cien, dos o quinientos y tendrán una idea de los niveles que manejan.

A nivel de calle, lo más parecido son las casas de empeño. El banco iría a la casa de empeño con sus joyas (sus hipotecas impagadas) diciendo que valen mil millones y el prestamista las examina y dice "yo no puedo darte eso", regatea con él y acaba aceptando un precio de setenta millones y una vez el banco se marcha por la puerta con setenta millones en efectivo pero sin sus joyas (hipotecas) el prestamista lo pone en el escaparate de nuevo a la venta por 280 millones de euros. Así buscando encuentra a unos terceros a los cuáles les puede servir de utilidad las joyas (los inmuebles hipotecados) los revende y todos contentos.

El Banco se ha deshecho de aquello que le estorbaba (los inmuebles) el prestamista ha ganado dinero y los clientes han comprado al final por 280 algo por lo que el banco pedía inicialmente 1000 millones. Todos contentos y el mundo sigue girando.

Espero que no vean ya a los buitres como animales repulsivos ansiosos de comerse la carroña que encuentren a su paso por las ruinas de este terruño anteriormente llamado España.

PRESION, ESFUERZO FISCAL Y LOS IMPUESTOS EN ESPAÑA

Al principio pensé en escribir sobre el sistema tributario español, unas pocas nociones sobre cuántos impuestos se pagan por ganancias del capital, dividendos, etc. Pero recapacité, es un tema muy complicado, importantísimo pero además viviendo en los dominios de Montoro el devorador tesorero mayor del reino un esfuerzo inútil. La Ley General Tributaria es un rompecabezas cuya función principal es la de servir de excusa para cualquier actividad confiscatoria que se le ocurra al gobierno de turno. Al igual que el artículo 133 de la constitución esa que establece los principios generales de la hacienda española. Subir el IVA, el IRPF, tasas a las eléctricas, a los vales de comida, a la generación de energía, tasas judiciales, etcétera. Cualquier cosa es válida. Hasta un impuesto a las bicicletas o al consumo de sal es posible con este equipo A al frente del cotarro.

Gracias a nuestra sacrosanta constitución cualquier subida de impuestos es válida, sólo es necesario buscar la manera de ajustarla a los principios.

Principio de Igualdad. Mentira, si fuéramos iguales no habría un sistema progresivo para el IRPF que elimina los incentivos a trabajar más duro y ganar más, ¿Acaso un 52% de tipo marginal del IRPF les parece algo razonable a alguien? De la misma manera no existirían diferentes entre ganar tu dinero por rentas del trabajo o rentas del capital.

Principios de capacidad económica. Si eso fuese cierto, los impuestos bajarían de forma continua para mantener el poder adquisitivo del contribuyente por las subidas de precios, pero eso no va a pasar.

Principio de Progresividad. Choca frontalmente con el de igualdad, a parte de eso, ¿Por qué tiene que ser el sistema siempre progresivo?, ¿Acaso nadie sabe que eso elimina los incentivo para ahorrar y ganar más dinero mediante tu duro trabajo, esfuerzo o ingenio?

Principio de Legalidad. "Solo puede poner tributos el estado". Me viene a la memoria una cosita llamada "el canon de la SGAE" ¿Qué fue el canon de la SGAE sino un impuesto cedido a una organización privada?

Principio de No Confiscatoriedad. La mayor mentira de todas. **Los impuestos son como mínimo impuestos**. No conozco a nadie que abone sus impuestos voluntariamente, cualquier impuesto, tasa, tributo o como se le quiera llamar es por definición confiscatorio.

Se fundamenta en quitarle a alguien el fruto de su trabajo so pena de presidio para que un burócrata decida sabiamente como malgastar tu dinero en servicios que no has pedido (en el mejor de los casos). He ahí el fundamento de cualquier impuestos, mantener un sistema mafioso. Por eso los mejores agentes del Estado trabajan en Hacienda y no en los servicios de inteligencia.

Existen dos medidas importantes para analizar si un país y lo que es más importantes sus ciudadanos pagan demasiados impuestos. Presión Fiscal y Esfuerzo fiscal.

El primero es el que sacan a pasear por todas las tertulias, radios y demás el gobiernos y sus conferenciantes preferidos cada vez que quieren subir en España algún impuesto. El otro es el que se callan cada vez que se les ocurre una nueva y original manera de exprimir al contribuyente.

¿Qué es la presión fiscal? Este índice que está ya en la media europea (41%, según OCDE), ha sido hasta ahora siempre la excusa para cualquier subida de impuestos, por oneroso que este fuera, ¡Hay que acercarse a Europa! ¡Sobre todo para las cosas malas! ¿Por qué no se le quitan las subvenciones a los sindicatos y partidos políticos cómo se hacen en otros países europeos? Para eso no hace falta que nos acerquemos a Europa. **Subir impuestos no ha resuelto nunca jamás nada en la historia**.

La presión fiscal es la división de la recaudación tributaria entre el PIB, cuanto mayor sea, más relevancia tiene el sector público. Depende de la actividad económica de un país y no tanto de las modificación de los tributos. Si la economía va bien se produce más y se venden más la presión fiscal tiende a la baja porque casi nunca los impuestos suponen más del 50% del precio final de un producto (que es lo que contabiliza el PIB) y de esta manera sirve de excusa de subidas en los momentos en los que los ingresos flaquean.

¿Qué se apuestan a que cuánto nuestro presión fiscal esté por encima de la media no encuentran razones para bajarlos? Ya se sabe, tema a las subidas temporales de impuestos.

El índice del que se olvidan siempre, es el **esfuerzo fiscal**, aquel que mide la "presión" sobre cada contribuyente. Esto mide qué porcentaje de lo que gana cada uno va destinado al pago de impuestos. España padece uno de los esfuerzos fiscales más altos de Europa, 40%, pero eso no ha servido para que bajen los impuestos. He ahí la respuesta a la pregunta anterior.

Civismo, el think tank español, confirma que los españoles trabajan 184 días al año para el Estado. La mitad del año, en comparación, los tiempos del diezmo a la Iglesia parecen un maravilloso y bucólico refugio fiscal. El esfuerzo fiscal que puede medirse como la recaudación real del gobierno entre la recaudación potencial, es decir, suponiendo que se abonase todos los salarios al 100% al Estado, como en una economía soviética. Es una medida eficaz porque pone de relieve que aunque el empleado no pague el impuesto de sociedades, el IBI de la oficina, el impuesto de tracción mecánica de los camiones de la empresa, todos esos impuestos le afectan. Si esos impuestos fueran más bajos o mejor, no existieran, eso repercutiría positivamente en los salarios y en el nivel de vida de todos. Para calcular el esfuerzo fiscal se utiliza también el llamado **índice de Frank, que es la presión fiscal entre la renta per cápita.**

Los aumentos del esfuerzo fiscal provocan, si lo piensa detenidamente, un aumento de la economía sumergida, la gente tiene que ganar dinero, comer y pagar las facturas, pero si los impuestos son muy altos, es decir el esfuerzo fiscal es muy alto, llega un momento en el que no te merece la pena hacer las cosas "por lo legal" y sólo se busca la economía sumergida.

El esfuerzo fiscal refleja el problema de fondo de un sistema corrompido en el que como todo va al estado, que acaba esquilmando el esfuerzo de sus ciudadanos, estos acaban sintiéndose como súbditos, perdiendo toda esperanza ilusiones y proyectos, desapareciendo cualquier rastro de espíritu emprendedor, espíritu que no muere sino que se traslada a otros países dónde los impuestos sean bajos la burocracia sencilla y no se castigue a aquel que busca mejorar y ascender y asumir más responsabilidades, hacer algo mejor en definitiva hacer algo más. ¿ Y no es así cómo evoluciona la especie? ¿desarrollando nuevas ideas para mejorar la forma de hacer las cosas?

Si los impuestos paran decenas de ideas revolucionarias, ¿no es hora de que nos vayamos librando ya de ellos? ¿Por el bien de la humanidad? Piense en ello.

LAS PREGUNTAS DE PHIL FISHER

Phil Fisher fue un gran inversor y divulgador. Entre su legado destacaría una cosa. Un texto en el que resumió las características deseables en una acción, preguntas que eran indispensables realizar antes de invertir.

Si lee atentamente, verá que muchos de esos puntos ya han sido tratado en los artículos anteriores.

La primera pregunta, es la siguiente:

1. ¿Tiene la empresa productos o servicios con suficiente potencial para hacer posible un incremento en ventas durantes los años verdaderos? Mas corto ¿Hay ventajas competitivas?

2. ¿Tiene la dirección de la empresa la determinación de continuar desarrollando productos que incrementen el potencial de ventas cuando los actuales productos pierdan su atractivo? En otras palabras, ¿la empresa tiene capacidad de mantener su ventaja competitiva y mantener la acción atractiva de esa manera?

3. ¿Cómo de efectiva es la política de i+d de la compañía? Es decir, ¿nos creemos que sacarán nuevos y más eficientes productos en el futuro.

4. ¿Es el equipo de venta un grupo efectivo o ratas de biblioteca?

5. ¿Su margen de beneficio merece la pena? ¿ROE del 40% o de un mísero 1%?

6. Sí los márgenes son pequeños ¿qué está haciendo la empresa para mejorarlo? Si son buenos ¿Qué está haciendo la empresa para mantenerlos? Valor añadido y ventajas competitivas.

7. ¿Cómo es la relación del personal dentro de la plantilla? Mejor que se lleven bien a que se tiren piedras entre ellos.

8. ¿Tiene la compañía profundidad en la dirección?

9. ¿Hace la compañía controles de calidad y análisis de costes y control de su contabilidad? O dicho de otra manera ¿Cuida la empresa su ventaja competitiva?

10. ¿Otros aspectos del negocio son peculiares en relación a la industria? ¿Nos aporta eso alguna pista sobre como sobresale la empresa en relación dentro de su industria? Resumiendo ¿la acción es mejor, peor o en la media de sus pares en la industria?

11. ¿La compañía mira a corto o a largo plazo? Tenemos a visionarios tipo Jeff Bezos o a estrategas del corto plazo como un político que se presenta a las municipales.

12. En el futuro el crecimiento de la empresa requerirá capital adicional ¿Cómo afectará eso al beneficios de los actuales accionistas? ¿Seguirá siendo una empresa familiar o se convertirá en un conglomerado industrial?

13. ¿Habla la dirección abiertamente con los inversores cuando las cosas van bien pero callan cuando van mal? Quid pro quo.

Y la más importante de todas.

14. ¿Tiene la compañía una dirección de una integridad inquebrantable?

En resumen. Valor añadido, ventaja competitiva (tener un buen producto) buena dirección (confianza en la gente con la que se trabaja) y buen equipo.

LOS DIEZ NOES

Siguiendo con el resumen, no es difícil darse cuenta de que me he concentrado en todo aquello que hay que hacer, mirar, observar, repasar, revisar una, dos, quinientas veces.

Todas las preguntas que hay que tener preparadas para dispararlas, pero no nos hemos parado a escribir sobre aquello que no hay que hacer. Tan importante o más que todo lo anterior.

Grandes autores e inversores en el pasado han trabajado muy duro para aprender de los mercados, de sus aciertos y errores, como suele decirse se aprende más de estos últimos.

Los más importantes "NOES" para no perder ni la cabeza ni (más importante) el dinero son.

No comprar en compañías promocionadas. **Es decir no se deje llevar por modas**, vendedores o publicistas.

No ignore una buena acción porque se negocie "over the counter". En España eso no tiene gran sentido, porque hay poca tradicional over the counter, que son las acciones que no tienen mucha liquidez o directamente no se negocian en los mercados tradicionales. El refranero resume muy bien la idea fundamental en un viejo adagio "El buen perfume viene en el frasco pequeño".

No asuma que el alto precio al que cotiza una empresa indica necesariamente que todo el potencial de la empresa ya ha sido descontado. Dicho de otra manera, investigue e investigue.

No se maree con porcentajes. Idea: **las subidas o bajadas de un día no son importantes para un inversor a largo plazo**.

No se estrese por diversificar. Como dijo Warren Buffett ¿Cuál es el problema de tener todos los huevos en la misma cesta sí la cesta es la correcta?

No tenga miedo a comprar en medio de una guerra. No hace referencia a un choque armado entre ejércitos.

No se distraiga con cosas que no son importantes. La prensa rosa no es importante, por poner un ejemplo.

No olvide tener en cuenta el timing tanto como el precio a la hora de comprar una acción de una empresa en crecimiento.

No siga al rebaño.

Se deduce de todo lo anterior, que lo importante es mantener la sangre fría, pensar, reflexionar medir nuestros tiempos, nuestras acciones y analizarlo todo antes.

Es mejor perder una buena acción por no tener tiempo suficiente de analizar los pros y contras que arriesgarse tontamente tirándose a ciegas a una piscina que puede estar llena de dinero o completamente vacía rompiéndose la crisma.

No se deje llevar por el pánico y si es necesario reléase este libro.

LECTURAS RECOMENDADAS

Para el final, aunque no por ello menos importante no dejaré pasar la oportunidad de recomendar alguno libros que les servirán para profundizar en lo aquí estudiado, unas pequeñas muestras que abrirá el apetito por el conocimiento y que les motive a seguir profundizando.

Lo primero que se ignora cuando se es un ignorante es lo mucho que se ignora. Una de las maravillas de leer es darse cuenta de cuantas cosas ignoramos a medida que avanzamos y aprendemos y yo no habría podido escribir nada de esto sin haber leído antes mucho y algunas de esas lecturas que me ayudaron a salir de mi pozo de ignorancia son.

"El inversor inteligente" de Benjamin Graham. Muy largo, un libro de consulta, pero importante.

La segunda Biblia en importancia **"One up in Wall Street"** de Peter Lynch, uno de los economistas más influyentes en el pensamiento de Warren Buffett.

"Common Stocks, Uncommon Profits" de Philip Fisher, conciso e imprescindibles.

"Analysis for Financial Management" de Robert Higgings. Más bien técnico, para el estudio académico para mi gusto.

"Competition Demystified" Bruce Greenwald, de todos los menciones, puede que el más adecuado de cara a los inversores noveles.

"The Little Book that builds Wealth" de Pat Dorsey, uno de los fundadores de Morningstar, aunque pequeño no deja nada en el tintero.

"Reminiscences of a Stock Operator" Edwin Lefèvre. Descubrirá la emoción de estar en medio del mercado y cómo piensan y trabajan los brokers. También muy valioso como documento histórico, en aquella época no había Bloomberg.

Ahora bien, aunque los siguientes no tengan nada que ver en teoría con el mundo de la empresa no olviden leer:

"**Valor, Capital, Interés**" de Eugen Von Böhm-Bawerk, de los orígenes de la escuela austriaca.

De Ludwig Von Mises hay que tener en la mesa como si de la Biblia se tratase "**La acción humana**". Recomiendo igualmente por su alto poder aclaratorio "**Gobierno Omnipotente**".

"**Las armonías económicas**" de Fréderic Bastiat. Todo un elogio a los principios de la libertad económica y a la no intervención gubernamental en los asuntos de mercado, entiéndase, en cualquier asunto que afecte a los ciudadanos.

"**La economía del tiempo y de la ignorancia**" Gerald P. O'Driscoll, Jr y Mario J. Rizzo. A pesar de su juventud, se ha convertido en una clásica de la nueva hornada de economistas austriacos y ayuda a comprender asuntos vitales de cómo se mueve el sistema económico.

Finalmente, una obra maestra para entender la importancia y el funcionamiento de los ciclos económicos y del dinero "**Money, Bank , Credit and Economic Cycles**" de Jesús Huerta de Soto, catedrático de la Universidad Rey Juan Carlos, empresario, prolífico escritor y pudiere ser una de las mentes más lúcidas que ha dado esta piel de toro llamada España.

Hay más, pero cuando hayan leído esos ya descubrirán los demás solitos.

EPÍLOGO

Hasta aquí ha llegado mi experiencia periodística. Fue corta, pero interesante. Mi objetivo, el de escribir de forma sencilla conceptos complicados, difíciles de entender para ese hombre corriente que no sabe ni quiere saber como funciona un terminal de Bloomberg.

Nunca pretendí que esto fuera y espero que nadie lo trate como un tratado académico. El origen de todo fue una colaboración periodística. El lenguaje, el estilo que requiere escribir en un periódico no es el mismo que puede trasladarse a un manual de uso universitario, así pues me conformo con que haya disfrutado Vd. de este trabajo y que le haya alimentado su curiosidad y por ello le mando un último consejo.

Mi consejo, es que no lo deje, siga estudiando el mundo de la inversión, del value investing y de la bolsa. Hay ahí afuera un mundo de oportunidades que le pueden llevar a la independencia financiera y una gran cantidad de fuentes de información que hace diez o quince años no existían. No necesita ser un Gordon Gekko ni vestir trajes de dos mil dólares para saber cómo funcionan los mercados, porque los mercados forman parte de Usted aunque no lo sepa. Simplemente tiene que hacer el esfuerzo por formarse y probar, ya tiene un listado de libros con los que seguir formándose, verá que se engancha y cuando dentro de unos años se haya hecho ya rico, si nos vemos, invíteme Usted a un café y me aconseja. Nada me agradará más que ver que aquellos que ignoraban todo se conviertan en maestros por méritos.

Reitero mi agradecimiento por haber llegado hasta aquí y mucha suerte querido lector.

GLOSARIO

Advertencia: Algunas de las definiciones que encontrará aquí son poco o nada políticamente correctas. Léase a su propio riesgo.

La definición de los ratios financieros se ajustan a lo descrito por el CFA Institute.

o   Acid Ratio: (Activo Circulante – Inventario) / Pasivo Circulante. Si el resultado es mucho mayor de 1 puede indicar activos ociosos, pérdida de rentabilidad.

o   Activo Subyacente: Valor que sirve de base para la emisión de derivados financieros

o   Asset Allocation: Estudio de la distribución de activos dentro de una cartera. Si queremos más bonos, menos bonos, etc.

o   Balance: Imagen de la situación de una empresa en un momento determinado.

o   BdE: Banco de España. Organismo de reconocido prestigio que nunca acierta en sus predicciones.

o   Bolsa: Lugar de encuentro entre compradores y vendedores de acciones, bonos y otros activos familiares.

o   Call: Derivado financiero de la familia de las opciones. Proporciona a su comprador el derecho pero no la obligación a comprar el activo subyacente a un precio predeterminado en un momento futuro.

o   Capex: Capital Expenditures. Inversiones de bienes de capital. Dinero que la entidad destina a la compra o reposición de bienes de capital para continuar con la actividad de la empresa.

o   Cuenta de Pérdidas y Ganancias: Película documental que nos cuenta lo que ha ocurrido en la empresa durante un periodo de tiempo determinado.

o   Cuentas pendientes de pago: Partida del pasivo del balance en el que están registradas las deudas a corto plazo de la empresa con sus proveedores.

o   Cuentas pendientes de Cobro: Partida del activo del balance en el que están registradas las deudas a corto plazo que los clientes tienen con la empresa.

o   Current Ratio: (Activo circulante) / (Pasivo Circulante). Un ratio inferior a 1 indica problemas de liquidez para solventar los problemas de la empresa a corto plazo. Un ratio muy grande indica por otra parte una pérdida de rentabilidad por una mala gestión del circulante.

o   D/E: Debt-to-Equity. Ratio que mide el peso de la deuda en relación al capital social de la empresa.

o   Delta: Medida del cambio del precio de las calls y las puts por el cambio de precio del activo subyacente.

o   EBIT: Earnings Before Interest and Taxes. Resultado operativo de la empresa.

o   EBITDA: Earnings Before Interest Taxes Depreciation and Amortization. Resultado operativo de la empresa antes de amortización y depreciación.

o   ECB: Banco Central Europeo. Edificio alto de Frankfurt dónde manipulan el valor del euro según convenga.

o   Economic Profit: Diferencia entre el dinero ingresado y el coste de oportunidad de los bienes utilizados para la producción y venta de los productos y servicios. También conocido como Economic Value Added.

o   Enterprise Value: Valor de la empresa. Valor de las acciones más el valor de la deuda de la empresa.

o   Esfuerzo Fiscal: Medida del peso de los impuestos sobre los ciudadanos. Es decir, qué porcentaje del dinero ganado por cada currito va a Hacienda.

o   Estado de Origen y Aplicación de Fondos: Película gracias a la que sabemos de dónde ha salido el dinero que ha usado la empresa para sus actividades durante un periodo.

o ETC. Exchange Traded Commodity. Índice que replica la cotización de un commodity.

o ETF: Exchange Traded Fund. Índice que replica la cotización de un fondo.

o FED: Reserva Federal Americana. Institución equivalente al banco central y artífice de la devaluación de la divisa americana. Muy prestigiosa a pesar de continuos fallos y servidumbres al poder político.

o FIFO: First-In-First-Out. Forma de cálculo del inventario de una empresa.

o Flujo Libre de Caja: Dinero disponible para pagar a los accionistas. No el dinero que se paga, sino el que está disponible para retribuir al accionista tras hacer frente a todas las otras obligaciones de la empresa.

o Flujos de Caja: La pasta que entra o la que sale de la empresa. Según su uso se clasifica en operativo (CFO) de financiación (CFF) o de inversión (CFI)

o Fondo de Comercio: Valor inmaterial de una empresa derivado de la marca comercial, valor de mercado de sus activos, posición dominante de mercado etc.

o Fondo de Inversión: Instrumento que permite invertir en una cartera de acciones, bonos, productos derivados, índice etc dependiendo de la política de inversión del fondo.

o Fondo de Maniobra: Activo circulante – Pasivo circulante. Deuda a largo plazo + patrimonio – activo fijo. Medida que indica los recursos que tiene una empresa para financiar sus actividades a corto plazo.

o Fondo de Pensiones: Vehículo para rentabilizar los ahorros de los partícipes del fondo y asegurarles una jubilación más desahogada. Se crean para dar cumplimiento a los planes de pensiones. Sin personalidad jurídica propia.

o Gamma: Medida del cambio de delta a medida que cambia el precio del activo subyacente.

o IFRS: International Financial Reporting Standars. Normas aprobadas por el IASB, institución privada de Londres que rigen los estándares contables en medio mundo.

o Impuesto sobre el alcohol: Tasa que el gobierno impone sobre el alcohol por nuestro propio bien para que no bebamos alcohol.

o Impuesto sobre el tabaco: Tasa que el gobierno impone sobre el tabaco por nuestro propio bien para que no fumemos tabaco.

o Impuesto sociedades: Tasa que el gobierno impone sobre las empresas por su propio bien para que no se pasen ganando dinero.

o IRPF: Tasa que el gobierno impone sobre los trabajadores por su propio bien para que no se pasen trabajando.

o IVA: Tasa que el gobierno impone sobre los comerciantes por su propio bien para evitarles crear riqueza.

o LBO: Leveraged Buyout. Compra apalancada. Es decir comprar una empresa usando deuda (dinero de un tercero) para ello.

o Ley General Tributaria: Papel firmado por S.M. el Rey que sirve para justificar de una manera ú otra cualquier impuesto, tasa ó gravamen que se le ocurra.

o LIFO: Last In First Out. Forma de cálculo del inventario de una empresa.

o MAB: Mercado Alternativo Búrsatil. La bolsa para pymes en España.

o MBO: Management Buyout. Cuando la directiva de una empresa acude a un tercero para financiar la compra de la empresa en la que trabajan.

o MTF: Multi Lateral Trading Facility: Plataforma alternativa bursátil. Plataforma que aprovecha las nuevas tecnologías para competir con las bolsas tradicionales para

o NOPAT: Resultado operativo después de impuestos. EBIT*(1- TIPO IMPOSITIVO) o "Off Balance": Partidas de la empresa que no figuran en el balance.

o P/BV: Valor de la empresa en el mercado / Valor contable de la empresa

o P/CF: Valor de la empresa en el mercado / Flujos de Caja de la empresa

o P/EBITDA: Valor de la empresa / EBITDA

o PEG: PER/ tasa de crecimiento. Relación de los beneficios de una empresa con el crecimiento de la misma.

o PER: Valor de la empresa en el mercado / Beneficios de la empresa.

o Plan de negocio: Documento en el que los emprendedores describen todas las características del negocio tanto cualitativo como cuantitativo para justificar ante inversores la viabilidad del proyecto.

o Plan de pensiones: Vehículo de ahorro para cubrir los objetivos de jubilación de sus partícipes.

o Post money: Valor de una startup después de la inversión de una sociedad de capital riesgo.

o Pre money: Post money – inversión. Valor de una startup antes de la inversión de una sociedad de capital riesgo

o Presión Fiscal: Porcentaje del PIB recaudado por el estado (vía impuestos obviamente).

o Put: Derivado financiero que da la opción (el derecho pero no la obligación) a vender el activo subyacente a un precio predeterminado.

o REIT: Real Estate Investment Trust. Activo financiero a la venta en los mercados financieros que invierte directamente en propiedades inmobiliarias.

o Refugio Fiscal: Según hacienda paraíso lleno de delincuentes que se niegan a pagar impuestos en su infierno de origen.

o Renta Fija: Activos financieros con una rentabilidad fija. Bonos del estado, letras del tesoro, bonos corporativos y otros.

o   Renta Variable: Activos financieros sin una rentabilidad fija. Acciones.

o   REOC: Real Estate Operating Company. Empresa cotizada que invierte en propiedades inmobiliarias.

o   Residual Income: "Ingreso Residual". Modelo para determinar el valor de una empresa basada en destinar los ingresos al mantenimiento de la empresa según una estructura de capital determinada dejando lo sobrante para remunerar a los accionistas con dividendos.

o   Rho: Letra griega con la que se representa el cambio en el valor de derivados financieros (Call y Put) por la variación del tipo de interés.

o   ROA: Beneficio sobre activos.

o   ROACE: Beneficio sobre el capital empleado promedio.

o   ROC: Beneficio sobre el capital total.

o   ROCE: Beneficio sobre el capital empleado.

o   ROE: Beneficio sobre acciones.

o   Seguridad Social: Estafa piramidal que por motivos que se escapan al razonamiento económico son una gran conquista social.

o   Sociedad de Capital Riesgo: Empresa de inversión que destina los fondos que recauda en proyectos de creación o ampliación de proyectos empresariales a menudo muy arriesgados.

o   Start-up: Proyecto emprendedor que busca el apoyo de las sociedades de capital riesgo.

o   Theta: Letra griega que mide el cambio en el valor de derivados financieros por el paso del tiempo.

o   TIR: Tasa Interna de Rendimiento. Tasa a la que el valor presente de los flujos de caja futuros previstos de un proyecto es cero.

o   USGAAP: Estándares contables en los Estados Unidos.

o   VAN: Valor Actual Neto. Valor presente de los flujos de caja futuros de un proyecto descontados al tipo de descuento del proyecto.

o   Vega: Letra griega que mide el cambio en el valor de los derivados financieros debido a cambios en la volatilidad.

o   WACC: Weighted Average Cost of Capital. Coste para la empresa de adquirir capital ya sea capital social o a aumentar el nivel de deuda de la empresa.

o   Warrant: Instrumento financiero derivado que otorga al comprador el derecho comprar o vender un activo subyacente a un precio determinado en el futuro. Similar a las calls y los puts.